LA BARBACOA

OSCAR MANRESA
TONI GARCIA RAMON

Fotografías de
Xavier Torres-Bacchetta

DEBATE

Papel certificado por el Forest Stewardship Council®

Primera edición con esta encuadernación: junio de 2023
Primera reimpresión: septiembre de 2024

© 2021, Oscar Manresa y Toni Garcia Ramon
© 2021, Xavier Torres-Bacchetta, por las fotografías
© 2021, 2023, Penguin Random House Grupo Editorial, S. A. U.
Travessera de Gràcia, 47-49. 08021 Barcelona

Diseño del interior y de la cubierta: Penguin Random House Grupo Editorial
Fotografía de la cubierta: Getty Images y Xavier Torres-Bacchetta

Penguin Random House Grupo Editorial apoya la protección de la propiedad intelectual. La propiedad intelectual estimula la creatividad, defiende la diversidad en el ámbito de las ideas y el conocimiento, promueve la libre expresión y favorece una cultura viva. Gracias por comprar una edición autorizada de este libro y por respetar las leyes de propiedad intelectual al no reproducir ni distribuir ninguna parte de esta obra por ningún medio sin permiso. Al hacerlo está respaldando a los autores y permitiendo que PRHGE continúe publicando libros para todos los lectores. De conformidad con lo dispuesto en el artículo 67.3 del Real Decreto Ley 24/2021, de 2 de noviembre, PRHGE se reserva expresamente los derechos de reproducción y de uso de esta obra y de todos sus elementos mediante medios de lectura mecánica y otros medios adecuados a tal fin. Diríjase a CEDRO (Centro Español de Derechos Reprográficos, http://www.cedro.org) si necesita reproducir algún fragmento de esta obra.

Printed in Spain – Impreso en España

ISBN: 978-84-19642-07-3
Depósito legal: B-5.892-2023

Impreso en Gráficas 94, S.L.
Sant Quirze del Vallès (Barcelona)

C 64207 A

SUMARIO

POR FAVOR, DAME LA BRASA, 9
JUGANDO CON FUEGO, 15
DE LEÑAS, CARBONES Y DEMÁS MANDANGAS, 21
NO ENGAÑAREMOS A NADIE, 30

CARNE DE VACUNO

EL CHULETÓN, 39
EL SOLOMILLO, 51
LA HAMBURGUESA, 61
EL *BRISKET*, 73
LA PICAÑA, 80
LA ENTRAÑA, 91
EL VACÍO, 99

CARNE DE CERDO

LA PLUMA IBÉRICA, 113
LA COCHINITA PIBIL, 121
EL COSTILLAR DE CERDO, 127

CARNE DE CORDERO

EL ESTOFADO DE CUELLO DE CORDERO, 139

LA PALETILLA DE CORDERO, 149

LAS COSTILLAS DE CORDERO, 161

CARNE DE AVE

LOS SOTILÉS A LA PARRILLA SOBRE TORTILLA DE MAÍZ, 175

LA PECHUGA RELLENA, 183

LA CODORNIZ, 191

EL PICANTÓN AL CURRI INDIO, 201

EL MAGRET DE PATO, 210

LAS ALITAS DE POLLO *KILL BILL*, 219

BONUS TRACK

EL LOMO DE CORZO, 227

LA BROCHETA DE LANGOSTINOS, 237

LA PIÑA, 241

ÍNDICES, 244

AGRADECIMIENTOS, 245

NOTA DEL CHEF AL FUTURO CHEF, 246

FUNDACIÓN OSCAR MANRESA, 247

POR FAVOR, DAME LA BRASA

Mi padre murió cuando yo tenía catorce años, así que tuve poco tiempo para conocerle.

Lo que descubrí en ese breve lapso de tiempo es que era un gran vendedor. Podría decir (por alinearme con la esencia de este libro) que era un hombre que sabía cómo darte la brasa. Le gustaba mucho hablar, tenía gracejo, era un señor de un barrio de pescadores que se buscaba la vida todos los días. Y ahora se preguntará el lector qué tendrá que ver mi padre con la barbacoa, con este libro, y con todo en general. Bueno, es que el señor Manresa vendía barbacoas. Así es, no me lo invento: Manresa padre trabajaba para una marca de barbacoas y vivía entre brasas, de las de calentar comida y de las otras.

Cuando se celebraba la feria de muestras, mi padre desembarcaba con sus barbacoas y se ponía a cocinar para todo el mundo. No sé si vendía muchas, pero lo que sí sé con seguridad es que nadie se quedaba con hambre, nunca. Lo mismo se iba a cocinar a Viladecans que a Motilla del Palancar. Otra de las cosas que hacía el señor Manresa era seguir las etapas de la Vuelta a España, parando cuando paraban ellos. Aprovechaba ese momento, con esas multitudes que antes se agolpaban en la carretera, sacaba las barbacoas y, venga, a cocinar. Entiendo la euforia que se producía entre los aficionados y aficionadas a la bici cuando se detenía el coche de la barbacoa y aparecía mi padre. Creo que no ha habido nunca tanta gente contenta de haber visto a un Manresa en la historia de la humanidad.

A lo que íbamos: cuento esto antes de que nadie
me tache de oportunista porque me parecía importante
dejar claro que mi relación con la barbacoa no empieza
con este libro, ni con mis años de restauración
en un local al aire libre frente al mar. Mi relación
con la barbacoa empezó hace muchos años, junto
a mi señor padre.

De algún modo, vamos a ponernos serios, este libro que
sostiene usted en las manos me ha permitido reconectar
con mi ancestro, recordar mis tiempos de niño
y rebuscar entre las fotos que conservo alguna prueba
física de todo esto que cuento. Porque, estoy seguro,
alguien puede pensar que me lo invento. Por supuesto,
encontré las pruebas que buscaba y adornan estas
páginas. En ellas se puede ver a Manresa sénior con
sus amadas barbacoas.

Y lo más curioso es que todo esto me sobrevino después
de aceptar el encargo de escribir un libro sobre
el arte de la barbacoa. Solo entonces recordé todo
lo que he tratado de explicar hasta ahora. Supongo
que la memoria funciona con resortes misteriosos,
igual que Dios escribe con renglones torcidos.

Este libro es una guía práctica para novatos en el uso
de la brasa. Para que la den como es debido (la brasa).
No hemos querido ser estrictos, ni pesados, ni dedicar
dieciséis páginas a los tipos de leña y treinta y dos a los
carbones, porque no es esta la misión de *La barbacoa*.
Aquí solo queremos que cualquiera se las pueda dar
de chef con sus colegas, que cualquiera pueda cocinar
un chuletón con garantías, que todo el mundo sepa
cómo se maneja una llama. Este libro va de dar calor,
el justo y necesario, para que comer sea una experiencia
inolvidable. Si al final, o al principio, o justo en la mitad,
una sola persona cocina algo bueno por culpa mía
(o nuestra), me doy (nos damos) por satisfecho.

Abra sus páginas, por donde quiera, escoja una receta, apúntese lo que necesita, con un boli si es necesario, o hágale una foto con el móvil a la página que le dé la gana, salga a la calle, compre una buena pieza de carne, encienda la barbacoa, prepare su termómetro.
Avive la llama, joder.

Estamos en marcha.

Buen provecho.

Oscar Manresa

JUGANDO CON FUEGO

Como pasa con todas las cosas importantes, es difícil saber exactamente el qué y el cómo, aunque sí sepamos el dónde y el cuándo. Según dicen los expertos, el fuego es aliado del hombre desde hace 1,6 millones de años. Al parecer se conseguía frotando madera seca o golpeando dos rocas. Claro que luego hay también quienes dicen que, en realidad, fue un rayo que descargó en un árbol lo que lo provocó. Y, hombre, no es lo mismo.

Una cosa es que un tipo (o una tipa), un día, por iniciativa propia, trate de crear un fuego, con la mejor de las voluntades, sin saber ni siquiera qué demonios es el fuego —porque eso es lo que pasa con los pioneros—, y otra muy distinta es que caiga algo del cielo y tú acerques tu rama *et voilà*. No es lo mismo. Lo primero tiene mucho mérito; lo segundo, menos.

Pero vayamos a lo importante, porque el descubrimiento del fuego supuso un cambio radical para la humanidad. Más que la revolución industrial, la energía nuclear, la llegada de internet o el autotune. Con el fuego, la humanidad escaló puestos en la pirámide alimenticia y —sobre todo— dejó de comer crudo. Puede que no parezca demasiado, pero la dieta cambia bastante cuando uno puede cocinar las cosas. Sabemos que la gastronomía aún no era demasiado sofisticada hace casi dos millones de años, pero a ver quién diablos se come un mamut a pelo. Así que, en resumen, el fuego ayudó a llegar hasta aquí.

Este es un libro sobre el fuego. Concretamente sobre qué hacer con él. No es un libro técnico o científico, no es un libro para aprender a encender uno. Para hacer eso el lector deberá utilizar su propia sapiencia. Por supuesto, recomendaremos leñas, y hablaremos de temperaturas, de aromas y de otros supuestos relacionados con el fuego y su uso en términos prácticos, pero si uno espera encontrar en estas páginas algún método para calentarse, le recomendamos que devuelva inmediatamente el libro a su estantería.

El fuego es básico para lo que nos disponemos a hacer: aprender a cocinar algunos de los manjares más ricos que jamás ha probado un carnívoro. En eso sí vamos a profundizar y, aunque no somos científicos, pronto demostraremos que el arte de manejarse con soltura en una barbacoa no es solo un arte, sino también una ciencia. Juntos nos adentraremos en un universo de calores, texturas y sabores donde lo único que hace falta es tiempo y calor. Y ganas.

A los mandos de este instrumento del demonio (por decirlo de un modo poético) tenemos a uno de los grandes especialistas en barbacoa de este país: Oscar Manresa. Con él, un montón de piezas de carne seleccionadas especialmente para este libro y una buena barbacoa, nuestro paladar será testigo de la gloria de la carne. Ya lo decía Thulsa Doom en *Conan el Bárbaro*: «El acero no es poderoso; la carne es poderosa». Seguro que al buen Thulsa Doom no le importaría que usáramos sus palabras para sustentar nuestra tesis: no hay nada como una buena carne para recordarnos lo bonito que puede ser sentarse a la mesa con los amigos y las amigas, en uno de esos días en que luce el sol, con una cerveza fría (o un refresco, que cada uno escoja lo que desee) y un reloj roto.

Pero como no solo de carnes puede vivir el hombre, también nos ocuparemos de las salsas, los acompañamientos y hasta de un postre. En este libro hay toda clase de manjares y uno puede complicarse la vida tanto como quiera. Cada plato tiene su propio truco y nadie alcanza la perfección la primera vez (si ese fuera el caso, búsquenos y quizá podamos ayudarle, que diría Hannibal Smith, de *El equipo A*). Lo mejor es cocinar tan a menudo y con tanta energía como se pueda para todo aquel que se preste a ello. Alcanzado cierto nivel de experiencia, las cosas saldrán solas y podremos por fin hacernos el chulo, que es a lo que aspira cualquiera que cocine para terceros.

Aprenderemos también, porque lo iremos repitiendo, que cada barbacoa tiene su propia personalidad, del mismo modo que no hay dos huellas dactilares, dos narices o dos chuletones iguales. De hecho, estuvimos tentados a titular este libro *Conozca a su barbacoa*, pero nos pareció arriesgado. Así como el diamante surge de la combinación de tiempo y presión, el gran plato de barbacoa requiere paciencia y ganas. Algunos instrumentos ayudan, como el termómetro, las pinzas o nuestras propias manos, pero nada sustituye al paso de las horas y la dedicación. Si uno macera un pedazo de carne, lo deja en la nevera 12 horas, lo saca por la mañana y luego lo cocina para su cuadrilla, probablemente nunca consiga que se marchen porque querrán más.

Dicho esto, pongámonos manos a la obra. Encienda la barbacoa, prepare la carne y —sobre todo— pase esta página. Aquí ya no hay nada más que leer.

Arrancamos.

DE LEÑAS, CARBONES Y DEMÁS MANDANGAS

Queremos ser muy sinceros con usted, amable lector que ahora mismo sostiene este libro en sus manos: nosotros no pensábamos escribir este apartado.

Podríamos haber empezado el libro con cuarenta páginas sobre leñas, carbones, aromáticos y un millón de cosas más. De hecho, es lo que se espera de un libro sobre el mundo de la barbacoa. La cuestión es que a un altísimo porcentaje de amantes de este arte de cocer sobre brasas se la trae al pairo la leña, el carbón y el aroma. La gran mayoría (nosotros también) va a por leña y carbón al súper, y hace la barbacoa con lo que tiene a mano. Porque cada vez somos más prácticos y tratamos de hacerlo todo lo más fácil posible.

Aun así, hemos decidido que vamos a dar unas cuantas pistas por si alguien quiere lo que los anglosajones llaman *extra mile*, un esfuerzo adicional. No diremos que todo este mundo de velocidades de combustión, temperaturas de carbón y aromas varios no sea sumamente interesante, pero seguro que haría falta otro libro para explicarlo y sería algo extenuante. Así que lo haremos sencillo, por si quiere usted impresionar al vecino, a su hermano, a su cuñado o a su marido.

Vamos con las leñas, los carbones y algún extra. Cortita y al pie, que se dice en argot futbolero.

LEÑA

La leña debe estar seca, nada de leña verde. La reacción calórica es básica para estos menesteres y la leña «joven» (por llamarla de un modo entendible) no tiene la madera necesaria para estas lides. Perdón, chiste malo. Pero insistimos: leña seca. Hay que tener en cuenta que la mayoría de las leñas necesitan más de un año para secarse y que «seca» quiere decir que conserva alrededor de un 5 por ciento de humedad.

Las leñas tienen diferentes densidades (lo que normalmente asociamos a su dureza), y las más densas aguantan mejor la brasa y tienen temperaturas más constantes.
Una de las más densas es el **quebracho argentino**, pero no es fácil de encontrar fuera del país austral. Una de las menos densas es el pino, que tiene una combustión rápida aunque, si bien se puede utilizar para iniciar el fuego, no es la más adecuada para la brasa. Además, el pino, y algunas maderas como el ciprés y otras coníferas, son muy resinosas y pueden resultar incluso tóxicas. Arden muy bien, le pueden dar un buen arranque al fuego, pero los gases que desprenden en combustión no nos gustan. Pase de este tipo de maderas siempre que sea posible. Si las usa, jamás las emplee para el fuego de continuidad. En lugar de pino, y siempre que sea posible, emplee **sarmiento**. Tiene un principio de ignición muy potente. Es perfecto.

La **encina** y el **roble** son los básicos ideales, los sistemas operativos perfectos para una brasa como Dios manda: generan una gran potencia calórica y, si nos ponemos específicos, son la leña más agradecida para cocinar una buena carne. Las maderas de *quercus* (encina —o encino, según el país—, o roble) son perfectas y tienen una buena densidad, temperatura muy constante con pocos picos y no muy explosiva. No es de combustión rápida, por eso es buena para conseguir temperaturas estables. Llama equilibrada. Noble y con aroma.

El **olivo** no tendrá mucha presencia en este libro porque, aunque es una buena madera de barbacoa, más vivaz y con más llama que la encina, su uso más inteligente y apropiado sería para el pescado. Por ejemplo, si vive usted en la Costa del Sol, en la que cocinar sardinas es una religión, no hay madera mejor que esta.

La madera de **nogal** o **haya** también es magnífica, pero no muy fácil de encontrar. La sencillez es una de las claves de la felicidad, de modo que si dispone de leña de encina o roble, no se complique la vida.

La **briqueta** es un combustible perfecto para nuestro propósito. Es un producto estable, de gran potencia calórica, ideal para mantener unas buenas brasas sin enredarse demasiado. Es un ítem reciclado que se elabora con sobrantes, con lo que todos salimos ganando.

Las maderas de árboles frutales como el **cerezo** o el **manzano** son perfectas para ahumados, pero no son las más sencillas de encontrar. También el **naranjo** es una buena madera con una densidad adecuada para la brasa.

Estamos a favor del reciclaje, pero nunca use ninguna madera que haya sido barnizada. Esta regla es todavía más seria que la del pino, puesto que podría complicar la salud de nuestros comensales.

De todos modos, en cada zona y en cada país, unos tipos de madera son más accesibles que otros. No se obsesione con encontrar un tipo de madera concreto. A lo mejor donde vive, para ahumar, es más fácil encontrar mango que manzano. Adáptese y, sobre todo, repito, no se obsesione. Lo importante es disponer de una buena materia prima y llevar a cabo un buen cocinado.

CARBÓN

No se complique la vida: hay muchos carbones porque hay muchos países que han hecho de la barbacoa un modo de vida. En España el más famoso, y el que tendrán más a mano muchos lectores y lectoras, seguramente sea el carbón de quebracho argentino. Cualquier ser humano interesado en el arte del asado podría escribir una enciclopedia sobre el quebracho, su potencia de fuego y el hecho de que su madera es una materia prima magnífica, y ahí reside el secreto de su éxito. No vamos a discutir aquí si los argentinos son los auténticos maestros de la barbacoa porque no queremos meternos en líos, ya que, en el sur de Estados Unidos, en determinadas partes de Japón o en algunos länder alemanes habría gente que se alzaría en armas ante tamaña afirmación. Simplemente diremos que no lo hacen nada mal.

UTENSILIOS

No olvide comprar unas buenas pinzas para evitar quemarse los dedos y un atizador o alguna herramienta para manejarse con el fuego. Piense que va a ser una extensión de sus manos, siéntase cómodo con lo que sea que vaya a adquirir.

En mi fondo de armario culinario nunca puede faltar un buen termómetro, un set de cuchillos bien afilados, unas buenas tijeras, unas varillas metálicas, unas cuantas mini parrillas, un pincel o brocha de cocina para untar la carne y un túrmix siempre a mano para emulsionar las salsas.

FUEGO

No hemos dedicado ningún capítulo a lo de encender el fuego. Hay muchas maneras. Le recomendamos que no trate de frotar unas ramas o golpear unas piedras: le llevaría demasiado tiempo. Lo mejor es servirse de una solución profesional como una chimenea de encendido, pero si quiere usted practicar antes con un encendedor y demás, no le vamos a prohibir hacerlo. Eso sí, es bastante probable que acabe yendo a parar a la chimenea de encendido. Es un trasto muy fácil de usar preparado para encender un buen fuego en nada. Hay quien utiliza artilugios muy complicados y los grandes grandes no necesitan ningún aparato, pero para los que se inician en este universo no hay nada mejor ni más funcional que una chimenea de encendido.

La barbacoa, el fuego y el manejo de las brasas, como tantas otras cosas, es una constante repetición del método heurístico ensayo-error. Se prueban cosas, salen o no, volvemos a repetir. Dominar este arte requiere mucho tiempo y algo de esfuerzo, y —es bastante posible— algún trozo de carne chamuscada. Paciencia. Y suerte.

TEMPERATURAS

El termómetro es importante a la hora de cocinar carne. Quizá no tanto como para saber si tiene fiebre, pero es realmente útil para que su barbacoa le salga perfecta, o al menos notable. No nos pongamos presión de entrada.

En este libro aparecen varios tipos de cocciones y de carnes, así que vamos a tratar de simplificar al máximo el asunto de las temperaturas para que le resulte sencillo recordarlas. Si la memoria le falla, siempre puede revisar esta página.

Una premisa importante: todas las carnes tienen que estar templadas antes de ponerlas a la parrilla. Nunca saque la pieza de la nevera y la ponga al fuego. El resultado no será el esperado, pues le costará mucho equilibrar la temperatura exterior e interior de la carne.

Por otro lado, la parrilla que vaya a utilizar tiene que estar bien caliente, como la sartén para una tortilla. Y, también como las sartenes, las parrillas de hierro forjado retienen mejor el calor que las de acero inoxidable.

Para el vacuno, como el chuletón o el solomillo, depende de cómo le guste la carne a usted o a su cuñado. Pero, sin dudarlo, si alguien se la pide muy hecha, mándelo a su casa y no lo deje volver nunca más.

Las temperaturas internas del vacuno son las siguientes:

TEMPERATURAS DE COCCIÓN

CASI CRUDO	46 – 49 ºC
POCO HECHO	52 – 55 ºC
AL PUNTO	55 – 60 ºC
HECHO	65 – 69 ºC
MUY HECHO	NO COMA CARNE

En los estofados, la carne debe cocinarse por encima de los 74 °C para que quede jugosa y tierna, y la serviremos sobre los 85 °C. Para el cordero, otro clásico que debe estar tostadito por fuera y rosado por dentro, la temperatura interna tiene que ser de unos 60 °C. Para la carne de cerdo, en cocciones directas a la parrilla debemos elevar la temperatura interior entre los 65 y los 70 °C, pero para los guisos hemos de alcanzar alrededor de los 85 °C. En las carnes de ave, como el pollo, el pato, etc., la temperatura interna debe estar alrededor de los 70-72 °C, y así quedará cocida pero jugosa. Además, a esta temperatura nos aseguramos de que acabamos *de facto* con todas las bacterias.

NO ENGAÑAREMOS A NADIE

No engañaremos a nadie: la clave para hacerse con la mejor carne es tener al/la mejor carnicero/a. Con eso en mente, no sería realmente necesario explicar cómo conseguir la mejor materia prima a la que dedicar unas brasas, pero aun así, hemos visitado a uno de los mayores expertos en carne de Barcelona, Sebas Ruiz, tercera generación de profesionales del género y una leyenda viva del mercado de La Boquería: uno de los más antiguos del mundo. Con él hemos aprendido algunas cosas.

1. La mejor carne para la barbacoa es la carne de vacuno. El corte más sencillo de manejar, con seis meses de madurez, un tamaño razonable y fácil en el proceso de cocción, es el entrecot: el rojo rosado y la poca infiltración de la grasa le dará las pistas necesarias para comprar con criterio. Es sabroso (lomo bajo) y siempre una opción perfecta. Para empezar las prácticas no hay mejor cómplice.

2. El gran dueño de la barbacoa, el corte más clásico, potente y eterno (siempre está de moda) es el chuletón. Es importante conocer el origen, apostar por las granjas pequeñas que cuidan mucho al ganado y son muy específicas en su alimentación. La parte más importante del chuletón, marcado también —obviamente— por su precio, es su tiempo de maduración. La infiltración de la grasa y ese color granate que adquiere la carne (coronada por esas vetas blancas que indican que la grasa se reparte por todo el

tejido) nos darán la pista definitiva sobre la clase del chuletón. Cuanto más marcados los colores y más potente la veta (de grasa), más calidad tendrá el corte. Recordemos que hay ternera, vaca o buey y que, aunque parezca mentira, este último que ahora encabeza todos los rankings de calidad y deseo hace unos años nadie lo quería ni regalado. Cosas de la vida.

3. Al otro lado del océano saben muy bien el manjar que supone la vaca. Allí la brasa es casi una religión. En el cono sur nadie se priva de los asados; muchos de esos cortes aparecen en este libro. No hay demasiado secreto para su adquisición, siempre atentos al color y a la textura. No tienen la complejidad de un chuletón y con los controles de calidad que se imponen a los productores, el vacío, la entraña y demás clásicos son fáciles de encontrar y de extraordinaria calidad. Más adelante explicamos cómo cocinarlos a la perfección.

4. En Estados Unidos la barbacoa clásica también tiene su gracia. En estas páginas hablamos del *brisket*, por ejemplo. Algunas recetas necesitan macerados que ayuden a que la carne sea más tierna. De nuevo, no es carne que necesite un gran proceso de selección. Fíese del carnicero, busque siempre buen producto. Obviamente, no nos olvidamos del clásico de clásicos, la hamburguesa: aquí ofrecemos lo que consideramos la mezcla perfecta para elaborarla. Ideal para barbacoas exprés porque la cocción es rápida (eso sí, para hacerlas hay que poner un poco de cariño). Es importante que cuidemos la materia prima. Si la base es filete, la hamburguesa será un espectáculo; si optamos por cortes menos ambiciosos, será menos espectacular. Ojo, no hemos dicho que no resulte estupenda. ¿Para escogerla? Tanto cuando escojamos la materia prima (el pecho y la espaldilla de la ternera son perfectos) como cuando solicitemos que nos la piquen, pedir un corte magro. Hablamos de un porcentaje de grasa de alrededor del 20 por ciento, que es lo que le va a dar

el punto jugoso. Si quiere hacerse el entendido, las mejores partes para cocinar una buena hamburguesa, son rabillo, morcillo, falda y redondo.

5. La buena carne de cerdo debe tener un fuerte color rojizo. Esa es la mejor muestra de calidad. Nuevamente, hay partes del animal impecables para la barbacoa. En este libro hablamos de algunas, como la presa o la pluma ibérica. La ventaja es que uno puede pasarse un poco de cocción y sigue estando tierna y sabrosa, es decir: es una carne que puede soportar nuestros inicios como chefs de brasa. Es difícil comprar mal cerdo, porque ahora los controles son muy exhaustivos y la calidad media es altísima.

6. Si hablamos de cerdo, las chuletas son una solución simple pero eficaz. Sin embargo, nosotros hemos apostado por algo más complicado, como el costillar. Nuestro consejo para comprarlo: el color vivo, la veta de grasa clara, la definición impecable del hueso. La carne perfecta tiene un aspecto brillante, húmedo. Debemos evitar todo resto de viscosidad, que indicaría que la pieza no está en buen estado. Si tenemos confianza con el carnicero, podemos usar el dedo para comprobar la carne; si no es así (lo más probable es que nadie tenga tanta confianza), pidámosle que sea él quien hunda el dedo en la carne. Esta debe volver inmediatamente a su posición.

En general todas las carnes deben tener colores intensos. Cualquier atisbo de duda en ese sentido debe hacer que desconfiemos de su calidad. Esto puede variar en ocasiones, como en el chuletón, donde las piezas pueden tener colores más neutros o apagados por culpa de la maduración. Cualquier rastro de mucosidad es una señal terrible para un amateur (ya no digamos para un experto). Solo una vez más: busque un/a carnicero/a correcto/a que le ayude con la elección. Con él/ella a su lado, el primer paso hacia la excelencia estará completo.

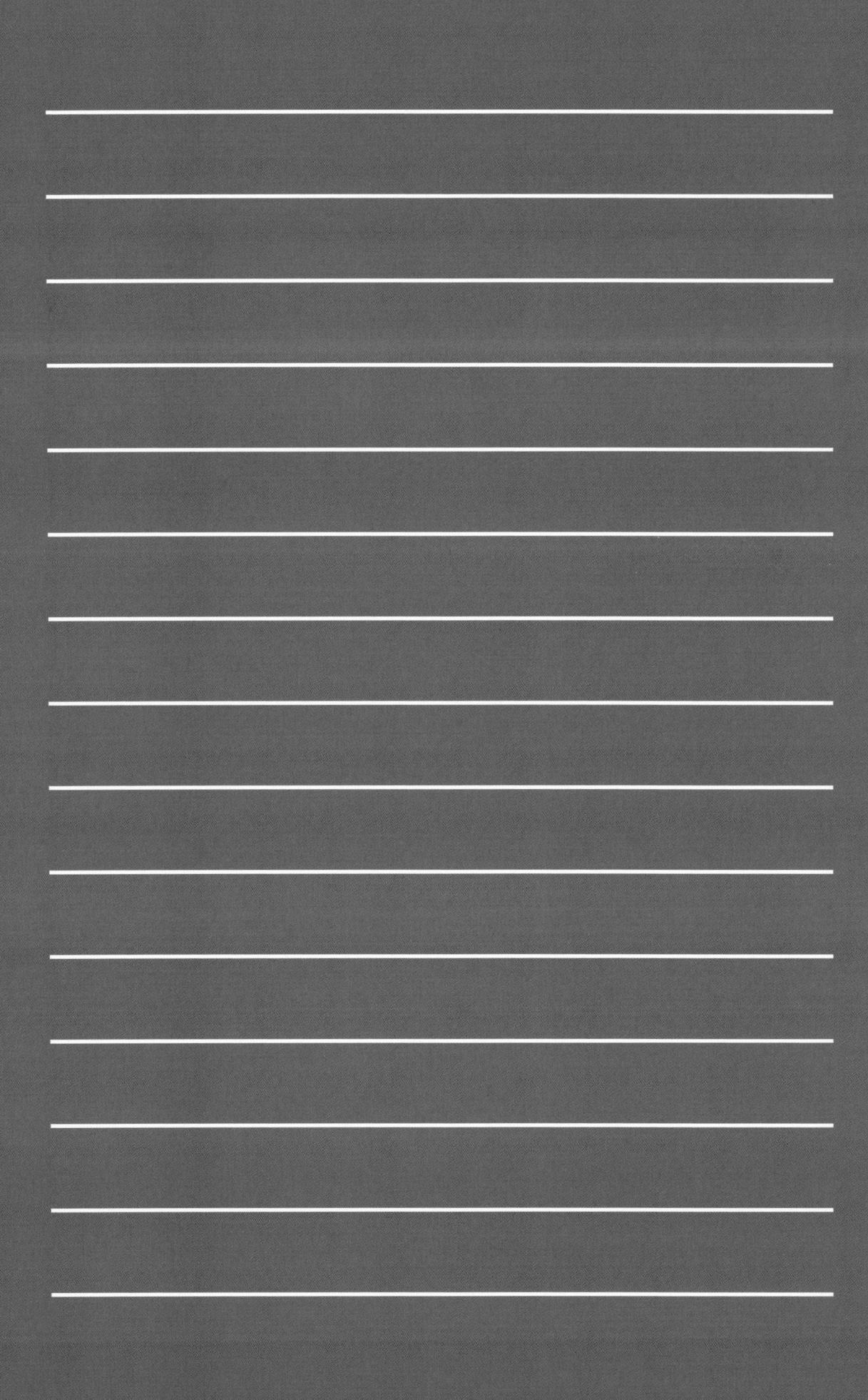

CARNE DE VACUNO

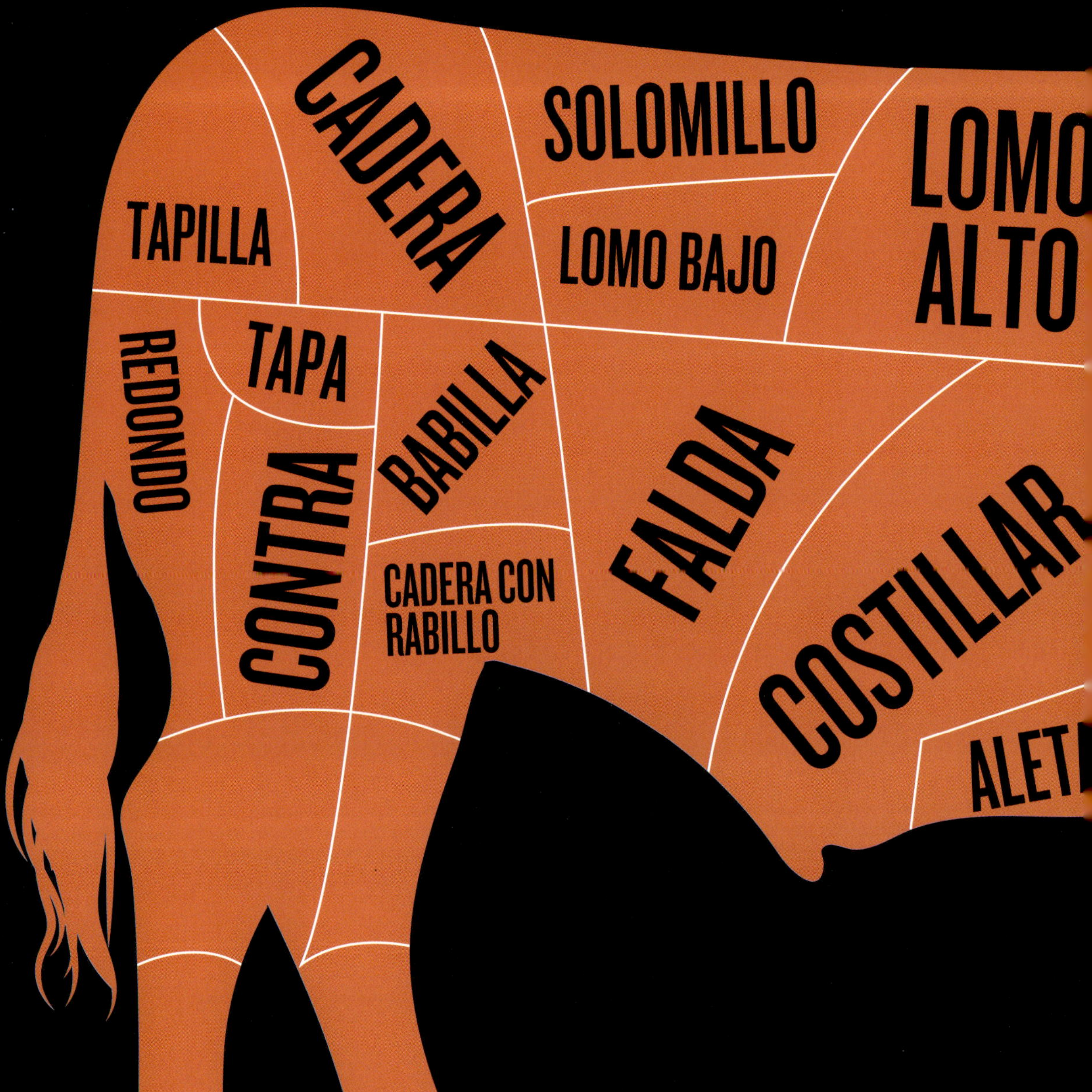

- TAPILLA
- CADERA
- SOLOMILLO
- LOMO BAJO
- LOMO ALTO
- REDONDO
- TAPA
- CONTRA
- BABILLA
- CADERA CON RABILLO
- FALDA
- COSTILLAR
- ALETA

- MORRILLO
- CARRILLADA
- AGUJA
- PESCUEZO
- ESPALDILLA
- PEZ
- PECHO
- LLANA
- BRAZUELO

EMPECEMOS POR EL PRINCIPIO

Arrancamos este libro con la receta de la chuleta, porque ¿cómo no íbamos a arrancar este libro con la receta de la chuleta? Este es un libro muy serio. Pues eso, que vamos a por la receta de la ruina de cualquier barbacoa que se precie. Y le avanzamos que vamos a proponerle un acompañamiento de lujo para cada plato (porque somos personas muy generosas). De nada.

El chuletón, ya lo decimos, debe pesar un mínimo de 1 kg o 1,2 kg. Excepto, querido lector, si es usted del País Vasco. Si ese es el caso, o se encuentra allí de visita, un chuletón de kilo puede provocar su lapidación porque allí no están para hostias. Para el resto: un kilo o un kilo y poco está bien para saciar a 3 o 4 personas.

Antes siquiera de empezar el proceso es fundamental la *mise-en-scène*: consiste en que disponga en una mesa grande, o lo más grande posible, todos los ingredientes que necesite para completar la receta. Es importante tenerlo todo listo, bien colocado, de un modo metódico y —obviamente— limpio. De esa manera, uno no tiene que moverse de su sitio y empieza el trabajo con total seguridad.

Como ya hemos dicho, no hemos incluido en este libro ninguna introducción tipo «Cómo encender el fuego». Confiamos en la pericia del lector para salir airoso de esta misión. Solo recordar que hay pastillas, carbones, métodos tradicionales, sopletes, lanzallamas y toda clase de instrumentos para alcanzar el objetivo: tener unas buenas brasas. Pero recuerde: la llama es nuestra enemiga. Al principio parece una aliada, pero luego acostumbra a quemarlo todo. Lo que nos interesa son las brasas.

Para conseguirlas, necesitaremos unos 60 min. Puede que, de primeras, no logre unas brasas perfectas, pero basta con alargar la mano y acercarla al fuego para saber si ya disponemos de una buena temperatura. Algunos cocineros la miden con la mano, y con una cuenta atrás desde siete. Si llega al cero y se está quemando los dedos, la brasa está lista.

Sin embargo, ya que no queremos abrasarnos la mano, nuestro gran ayudante en la misión va a ser el termómetro. Es imposible cocinar correctamente en una parrilla sin un termómetro (no uno normal, no sea bestia; uno culinario, con sonda para la carne. Es fácil de encontrar, lo tienen en muchísimas tiendas). Se pincha en la pieza de carne que haya escogido para la barbacoa y, en segundos, tiene la respuesta a todas sus preguntas: ¿la quito? ¿La dejo un poco más? ¿Está lista?

Por supuesto, le recomendamos no escatimar en gastos. Si va a comprar un chuletón y tiene usted un presupuesto holgado (reúna un bote con sus amigos; que no sean tacaños), hágase con la carne de mejor calidad posible. La buena carne es cara, no nos vamos a engañar, pero le devuelve a uno cada céntimo invertido en la materia.

Más adelante encontrará el lector todo lo que necesita saber en cómodos pasos, pero antes expliquemos algunos conceptos que nos serán útiles. Los tiempos de cocción son breves, y es importante ser lo más preciso posible al aplicarlos. Cuando hablamos de «templar», nos referimos a sacar la pieza de la nevera, dejar que alcance la temperatura ambiente y, una vez lista y con las brasas a punto, ya podemos ponernos a ello. Repetimos: nunca cocine la chuleta recién sacada de la nevera.

En cuanto a los puntos de sal y demás mandangas, es algo que va al gusto y lo averiguará con el tiempo.

Perdone que insista, pero la precisión en los tiempos de cocción es vital para evitar desastres naturales.

De nuevo: lo más importante es la temperatura; si ponemos la chuleta en la parrilla a una temperatura interior muy fría, la excesiva diferencia endurecerá la carne.

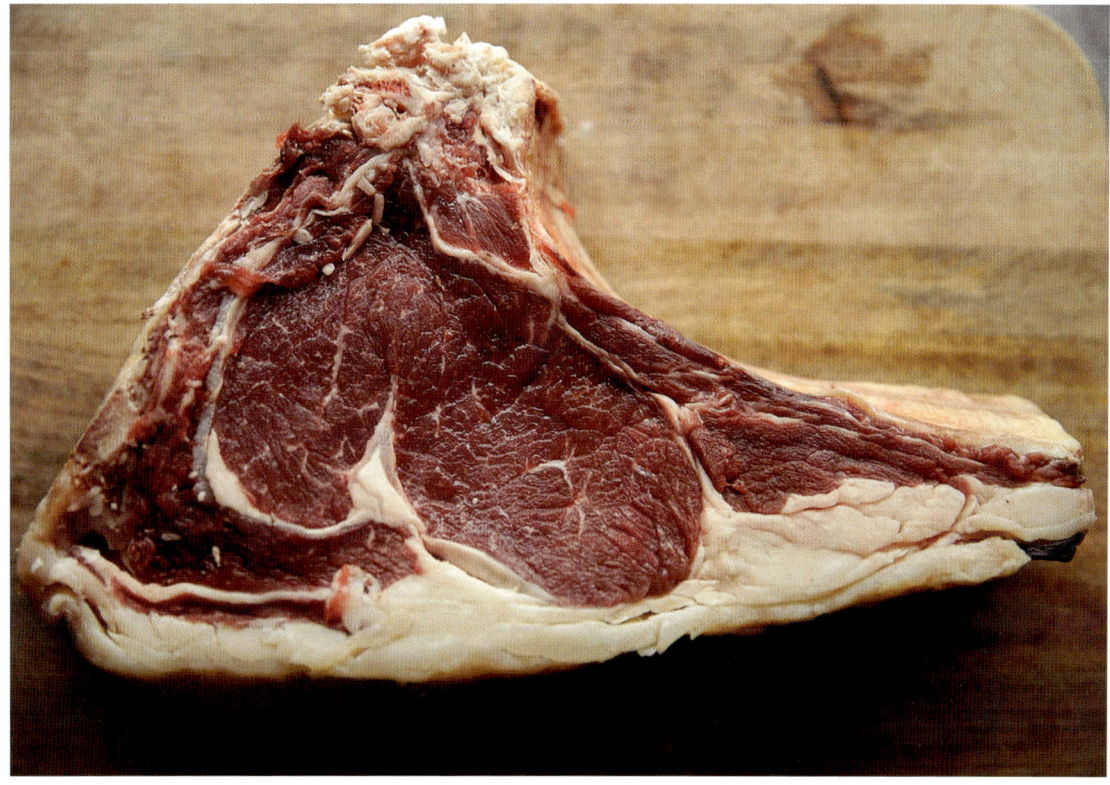

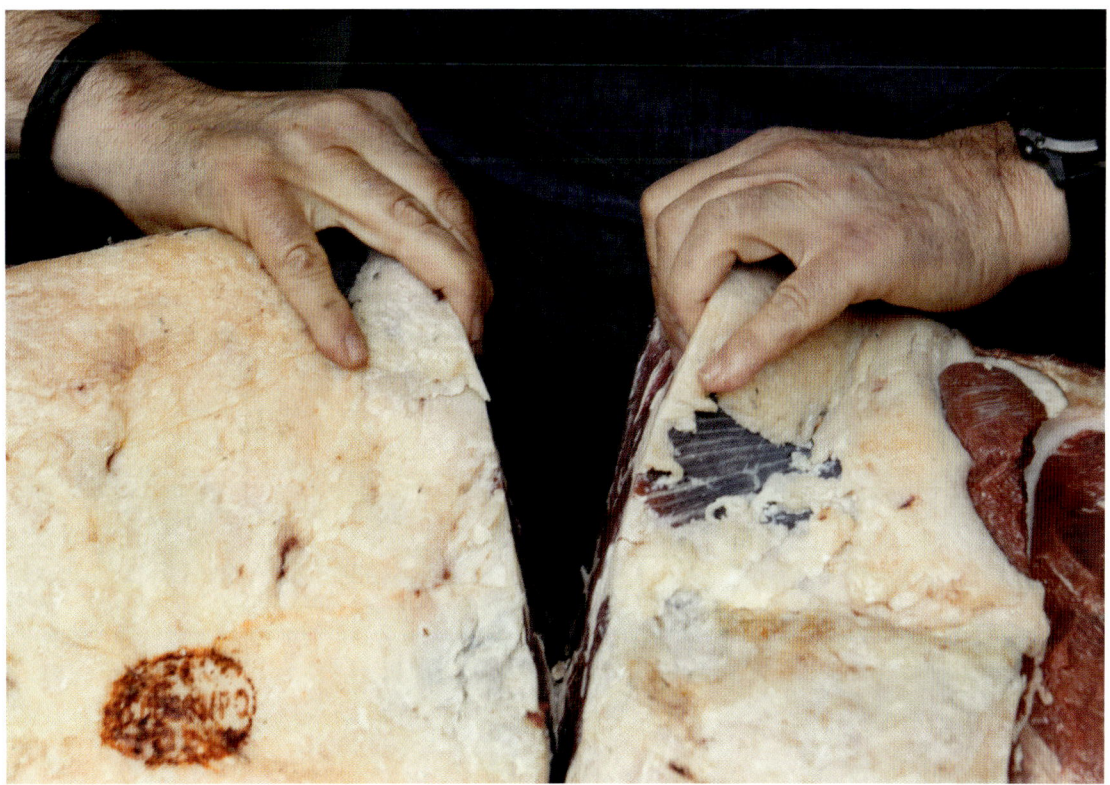

EL CHULETÓN

INGREDIENTES:
- 1-1,2 kg de chuleta
- Sal gruesa marina
- Sal de escamas

La mejor chuleta debería tener entre 45 y 55 días de maduración en cámara.

1. Cortar la chuleta del tamaño deseado. Se recomienda un peso entre 1 y 1,2 kg.
2. Templar la chuleta hasta que su interior alcance entre 33 y 35 °C.
3. Disponer la chuleta templada encima de la parrilla y asar por espacio de 4 min.
4. Dar la vuelta a la chuleta y salar con abundante sal gruesa.
5. Asar durante poco más de 3 min.
6. Sacar la chuleta de la brasa y dejar reposar 1 min.
7. Quitar el exceso de grasa y separar el hueso de la pieza de carne.
8. Trinchar la pieza de carne y disponer en plato caliente.
9. Salar de nuevo los trozos de carne y servir.

CONSEJO DE LA CASA:
Si dejamos la grasa sobrante en la parrilla hasta que esté crujiente y la cortamos a cuadraditos, obtendremos unos chicharrones exquisitos. Aquí no se tira nada.

También aconsejamos utilizar una sal marina gruesa para la cocción en la parrilla y una de escamas para el plato.

Para acompañar esta maravilla, atención a la página siguiente.

Comensales: 4
Dificultad: Media

HUESO DE CAÑA CON PATATA Y TUÉTANO

INGREDIENTES:
- 4 huesos de caña cortados a lo largo
- 500 g de patatas
- Sal de escamas
- Un chorrito de aceite de oliva

ELABORACIÓN:
1. Disponer los huesos de caña cortados a lo largo en abundante agua y hielo durante 24 h.
2. Sazonar las patatas con aceite de oliva y sal, y envolverlas en papel de aluminio. Asar las patatas en horno (barbacoa cerrada con tapa) u horno eléctrico (a 180 °C durante 1 h).
3. Pelar las patatas asadas, romperlas en trozos pequeños sin llegar a hacer un puré y sazonar. Reservar en un recipiente a temperatura ambiente.
4. Sacar el tuétano del hueso y reservar dentro de otro recipiente con agua y hielo.
5. Limpiar el hueso retirando todas las impurezas o astillas.
6. Rellenar el interior del hueso con los trozos de patata asada y disponer encima el tuétano desangrado.
7. Introducir el hueso relleno con la patata y el tuétano en el horno eléctrico a 180 °C durante 3 min. O encima de nuestra parrilla tapado con una campana.
8. Sazonar con sal de escamas y servir como guarnición de la chuleta.

EL CHULETÓN

HUESO DE CAÑA CON PATATA Y TUÉTANO

¡OH SOOOLOMILLO...!

Vamos con otro clásico, que el tiempo apremia.

Solo por hacerlo saber, aunque esta información pueda serle irrelevante a menos que sea usted el cuñado que ameniza las fiestas y al que todo el mundo quiere asesinar llegados a cierto punto, el solomillo es una pieza de carne procedente de la parte lumbar que se aloja entre las costillas inferiores y la columna vertebral; más concretamente, encima de los riñones y debajo del lomo bajo. Nuestro editor nos ha desaconsejado utilizar este chiste, pero cuando es muy muy bueno se le puede llamar «¡Oh sooolomillo...!».

Perdón, señor editor.

Esta es una pieza extremadamente jugosa, rica, sabrosa y todos los adjetivos que uno le quiera adjudicar. Nosotros preferimos el solomillo de vaca, pero puede usar uno de cerdo si así lo desea, somos muy *easy going*, que diría un anglosajón. Aquí le damos un toque, o un truco, que implica trabajar la carne un par de horas antes de que se acerque al fuego. Eso significa disponer de algo más de tiempo, pero la recompensa es inmensa.

Este truco, o aderezo, que tiene que aplicarse a la carne durante 2 horas, es la marinada nórdica. Hay que dejarla a punto antes de ponerle las manos encima al solomillo, así que vamos a revelar ya cómo se hace. Ojo.

EL SOLOMILLO

INGREDIENTES:
- 2 kg de solomillo de vaca

ELABORACIÓN:
1. Limpiar el solomillo de telas y del cordón.
2. Preparar la marinada nórdica (ver receta en pág. 54).
3. Envolver el solomillo con la marinada y dejar tapado durante 2 h.
4. Lavar el solomillo y reservar a temperatura ambiente.
5. Asar la pieza de solomillo hasta que alcance una temperatura interior de 48 °C.
6. Cortar la pieza de solomillo y disponer en la vajilla deseada.
7. Echar el pico de gallo (ver receta en pág. 55) sobre el solomillo y servir.

En esta casa, cuando tratamos con un solomillo no escatimamos en detalles. Por eso, además de preparar una marinada casera y el legendario pico de gallo, vamos a presentarle el broche de oro para este plato: una ensalada de manzana y acedera para acompañar a los fuegos artificiales (ver receta en pág. 57).

Comensales: 6
Dificultad: Fácil

MARINADA NÓRDICA

INGREDIENTES:
- 1 kg de sal fina
- 20 g de azúcar
- 10 g de pimienta de Jamaica
- 10 g de pimienta rosa
- 10 g de anís estrellado
- 8 g de cardamomo
- 8 g de enebro

ELABORACIÓN:
Mezclar los ingredientes de forma homogénea para que el adobo quede fetén.

Estamos seguros de que el lector será capaz de dar con esos ingredientes, y por nuestra parte garantizamos que la infiltración de la mezcla en la carne va a hacer que el paladar le vuele por los aires al primer mordisco. No en el sentido literal, no es necesario asustarse. Además, vamos a añadir un tercer elemento a la carne y a la marinada, para que nuestros colegas no puedan por menos que admirarnos como nos merecemos: un tremendo pico de gallo casero, que pondremos a caballo de nuestro solomillo. Ahí va.

NUESTRO PICO DE GALLO

INGREDIENTES:
- 300 g de tomate rallado escurrido
- 125 g de cebolla roja en trozos pequeños
- 30 g de jalapeño fresco
- 1 chile morilla seco
- La piel de una lima
- El zumo de una lima
- 15 g de cilantro picado
- 1 cucharadita de café (cc en adelante) de sal fina

ELABORACIÓN:

Mezclamos los ingredientes en un bol, salamos y lo regamos con el zumo de la lima.

Con estos dos aderezos ya listos, solo queda hacer la carne. Pero que nadie se vaya todavía, que esto no es todo (parafraseando a Porky, aquel maravilloso cerdo de dibujos animados). Además de la carne, nos hemos sacado de la manga una ensalada completamente alucinante; tanto que sus amigos no querrán abandonar su casa y deberá llamar a la policía para desalojarlos.

ENSALADA DE MANZANA Y ACEDERA

INGREDIENTES:
- 100 g de acedera
- 3 manzanas Granny Smith
- 40 g de trébol de tres hojas

PARA LA VINAGRETA:
- 25 g de miel
- 35 g de vinagre de sidra
- 10 g de mostaza de Dijon en grano
- 70 g de aceite de oliva virgen extra
- 1 cc de jengibre rallado
- 1 cc de sal fina

ELABORACIÓN:
1. Pelar las manzanas y cortar en gajos simétricos de 1 cm de ancho.
2. Disponer los gajos en un bol con las hojas de acedera y los pétalos de *Oxalis acetosella* (trébol de tres hojas).
3. Aliñar con la vinagreta de jengibre y mostaza.
4. Disponer la mezcla en un bol y servir como acompañamiento.

VINAGRETA DE JENGIBRE Y MOSTAZA

Mezclar la miel con el vinagre, la mostaza de Dijon, el aceite de oliva y el jengibre rallado hasta obtener una salsa homogénea. Integrar la sal a la vinagreta y reservar en una salsera.

¿Qué más se puede pedir?

EL SOLOMILLO

DE GALLO

THE DAMN BURGER

Vamos con un clásico para niños, niñas, adultos y adultas: la hamburguesa. Según dicen, Marco Gavio Apicio, un *foodie* de la época del Imperio romano (esperemos que allí donde estés, no te moleste que te hayamos llamado *foodie*, amigo Marco Gavio Apicio), fue el primero en hablar de algo parecido a la hamburguesa en tiempos del emperador Demetrio. Se decía que las tropas romanas comían algo parecido a eso porque era fácil de transportar.

Todo esto habría que comprobarlo, porque al final nadie sabe nada, pero lo de los centuriones comiendo hamburguesas antes de atacar a los pueblos bárbaros del norte, pues no nos parece mal plan. La hamburguesa —eso sí es seguro— ha pasado a la historia por culpa del imperio americano. Los estadounidenses la pusieron de moda y siguen siendo los reyes del mambo cuando se trata de poner un pedazo de carne entre dos trozos de pan.

Nosotros no queremos ser menos y nuestra hamburguesa va a ser increíble. Hemos combinado tres tipos de carne y un poco de beicon, lo que le dará un toque espectacular. Si no gusta el beicon, pues no se le pone. Con la vaca, el cerdo y la papada podemos librar cualquier batalla. Pero no solo eso, es que además vamos a hacer una versión 2.0 de las patatas fritas de toda la vida, mucho más sanas y para chuparse los dedos (sobre lo de más sanas le comento después). Si con esto no triunfamos con los amigos, es que en realidad no son nuestros amigos.

LA HAMBURGUESA

INGREDIENTES:
- 5 hamburguesas terminadas de 200 g
- 10 lonchas de queso cheddar
- 5 panecillos de hamburguesa
- 5 pepinillos laminados
- Canónigos
- Un chorrito de aceite de oliva

PARA LAS HAMBURGUESAS:
Una mezcla suelta de:
- 600 g de carne de vaca
- 300 g de carne de cerdo
- 50 g de papada
- 70 g de beicon ahumado

ELABORACIÓN:
1. Juntar la mezcla de carnes y hacer hamburguesas de 200 g.
2. Reservar filmadas a piel hasta su utilización; vamos, que las envolvamos con papel film.
3. Se va a parrilla con las brasas a punto.
4. Marcar las hamburguesas, pero dejándolas un poco de tiempo antes de darles la vuelta. Atentos para que no se nos enganchen.
5. Poner el queso cheddar en lonchas sobre la hamburguesa. Cuando el queso empiece a fundirse, estará listo.
6. El pan. Importante. Abrir el panecillo. Untar con mayonesa de mostaza ambas caras, añadir los pepinillos encurtidos, poner las hamburguesas y acabar con los canónigos y un toque de aceite de oliva.
7. Añadir la salsa sin escatimar: si no se mancha la cara de salsa, no es digno de comer hamburguesa.

Comensales: 5
Dificultad: Fácil

CHIPS DE TUBÉRCULOS CON ADEREZO DEL *CUÑAO*

INGREDIENTES:
- 1 patata morada
- 1 boniato
- 1 remolacha
- 1 plátano macho verde
- Sal
- Aceite de girasol

PARA EL ADEREZO:
- 100 g de aceite
- 30 g de vinagre
- 1 cc de cebolla deshidratada
- 1 cc de pimienta negra
- 5 cc de pimentón picante
- 1 cc de orégano

ELABORACIÓN:
1. Pelar los tubérculos elegidos y el plátano.
2. Cortar en tiras de 3 cm de grosor aproximadamente. A falta de pulso puede usar una mandolina.
3. Freír los chips en aceite de girasol a 180 ºC durante unos tres o cuatro minutos.
4. Disponer los trozos fritos sobre el papel absorbente y añadir la sal.
5. Aliñar con el aderezo del *cuñao*.
6. Disponer en el recipiente deseado y servir.

ADEREZO DEL *CUÑAO*:
1. Para conseguir el aderezo del *cuñao* perfecto mezclar en un recipiente el vinagre con el aceite, añadir la cebolla deshidratada, la pimienta, el pimentón y el orégano hasta obtener una salsa homogénea.
2. Aliñar los chips de tubérculos con el aderezo del *cuñao*.
3. Disponer en el recipiente deseado y servir.

Y por último, vamos a preparar nuestras propias salsas, porque, ya que nos ponemos a ello, lo hacemos asumiendo todas las consecuencias. Naturalmente, no está mal tener en la mesa los clásicos de siempre, ya sabe, el kétchup y demás, pero aquí ofrecemos el pack gourmet de lujo.

Atentos.

SALSA *DU PLESSIS*

INGREDIENTES:
- 100 g de vinagre de alcohol
- 75 g de azúcar
- 75 g de leche condensada
- 25 g de mostaza en polvo
- 210 g de mayonesa

ELABORACIÓN:
1. Diluir el azúcar en el vinagre.
2. Añadir la mostaza en polvo y la leche condensada y homogeneizar.
3. Incorporar la mezcla sobre la mayonesa y mezclar suavemente.
4. Reservar en frío durante 2 h.
5. Servir. En abundancia.

Nada mal, ¿no?

MAYONESA DE MOSTAZA

INGREDIENTES:
- 180 g de mayonesa
- 40 g de mostaza amarilla
- 30 g de mostaza fina de Dijon

ELABORACIÓN:
1. Incorporar a la mayonesa los dos tipos de mostaza y mezclar hasta conseguir integrarlas.
2. Reservar en frío durante 30 min.
3. Servir también en abundancia.

LA HAMBURGUESA

CHIPS DE TUBÉRCULOS
CON ADEREZO DEL *CUÑAC*

DAME MÁS DE ESTA M**RDA

En esta casa somos muy fans del *brisket*. Pero, ojo, que tiene truco, porque el *brisket* es una pieza de carne, de aproximadamente 5 kilos, que proviene del pecho de la res. Por eso, precisamente, es una de las partes más consistentes (léase «duras») del animal. Si queremos explicarlo dando una pequeña lección de anatomía, diríamos que, como la vaca no posee clavícula, el pecho sostiene una gran parte de su peso. Eso significa que no es una carne a la que se pueda aplicar una cocción normal y esperar obtener un buen resultado. Si nos limitamos a tratarla como un chuletón o una pechuga de pollo, podemos llevarnos un disgusto importante.

Por ello, hay que tener claro que el *brisket* es uno de esos platos que requieren atención extra por parte del cocinero. Luego devuelve el favor al ser una carne jugosa, rica, con muchísima textura, que se deshace en la boca; pero al principio es caprichosa y nada simpática. Así pues, es importante saber que el *brisket* exige un mínimo de 12 horitas de cocción lenta. Y luego un toque de parrilla.

Que nadie se despiste.

(Ah, y acompañaremos el *brisket* con una col lombarda encurtida y una —espectacular— salsa Doña Rosario.)

Vamos a ello.

EL *BRISKET*

INGREDIENTES:
- 1 pieza de *brisket* (aproximadamente 5 kg)
- 12 panecillos de hot dog o similares
- 1 cucharada sopera (cs en adelante) de mostaza clásica
- 1 cs de salsa Perrins
- Sal y pimienta
- Cilantro (o alguna hierba verde) al gusto

ELABORACIÓN:
1. Masajear el *brisket* con salsa Perrins y mostaza clásica (la de hot dog, vamos).
2. Salpimentar. Con un poco más de pimienta que de sal.
3. Poner en una bandeja a la que previamente habremos echado un chorrito de jugo de carne. Si no, un poquito de agua.
4. Se cubre la bandeja con papel de aluminio. Para que no se escape nada.
5. Por la noche, lo metemos en el horno. Sí, por la noche. A 70 °C. Sin miedo. No se va a pasar. (La cocción a esa temperatura debe ser durante un mínimo de 12 h.)
6. A las 9 o 10 de la mañana, lo sacamos y lo dejamos a temperatura ambiente.
7. Cuando lleguen los colegas, simplemente se calienta. Un golpe de barbacoa.
8. Luego, con las manos, se desmenuza en el caldito que se ha formado gracias a la propia cocción.
9. Esa carne desmigada, deshuesada, se puede servir en panecillos (los de hot dog son ideales).
10. Regar los panecillos con la salsa Doña Rosario y añadir cilantro o una hierbita verde al gusto.

Comensales: 12
Dificultad: Media

COL LOMBARDA ENCURTIDA

INGREDIENTES:
- 1/2 col lombarda
- 400 g de agua
- 50 g de vinagre de manzana
- 40 g de azúcar
- 20 g de sal
- 50 g de cebolla en *mirepoix* (palabra que podéis usar para quedar bien, o en daditos pequeños)
- 50 g de pimiento en *mirepoix*
- 50 g de pimiento verde en *mirepoix*

ELABORACIÓN:
1. Diluir el azúcar y la sal en la mitad del agua.
2. Añadir el resto de agua una vez disueltos.
3. Verter el vinagre y homogeneizar.
4. Echar la verdura cortada y mezclar.
5. Reservar en frío durante 24 h.

SALSA DOÑA ROSARIO

INGREDIENTES:
- 4 tomates
- 200 g de agua
- 20 g de aceite de oliva
- 20 g de mantequilla
- 60 g de vinagre de alcohol
- 20 g de ajo en polvo
- 1 cc de comino en polvo
- 1 cs de pimienta negra
- 10 g de cebolla deshidratada
- 2 cc de cayena en polvo
- 2 cc de pimentón dulce
- 4 cs de miel de caña
- 50 g de bourbon

ELABORACIÓN:
1. Cortar los tomates en trozos y disponer en un recipiente junto con el agua.
2. Triturar con ayuda del túrmix y colar.
3. En una cazuela, añadir la mantequilla y el aceite.
4. Llevar las grasas al fuego hasta que la mantequilla adquiera un color tostado.
5. Añadir el tomate triturado y colado y dejar hervir 5 min.
6. Añadir el resto de ingredientes y reducir a fuego lento hasta que la mezcla adquiera una densidad de salsa.
7. Poner a punto de sal y reservar.

EL BRISKET

COL LOMBARDA ENCURTIDA Y SALSA DOÑA ROSARIO

CON EL TIEMPO Y UNA PICAÑA

Es posible que nos equivoquemos, cosa que hacemos habitualmente, pero la picaña no ha sido nunca demasiado popular en nuestro país. No pasa nada, nadie es perfecto.

Ahora bien, este corte de ternera es extremadamente popular en Brasil, Portugal y Argentina. Si uno va allí y dice que no sabe de qué le hablan, es posible que tenga que salir por piernas. Dicho esto, ya es hora de reivindicar la picaña en el territorio patrio.

¿Qué es la picaña? Pues un corte de la parte superior de la cadera de la ternera y que se caracteriza por su jugosidad y un sabor muy intenso. Obviamente, su presencia en este libro no es solo porque queramos reivindicarla, sino porque es una pieza de carne perfecta para asar a la parrilla, al horno o con nuestra barbacoa. Lo que, en lenguaje vulgar, llamaríamos «partidazo».

No diremos que es una pieza fácil de cocinar, pero tampoco que es difícil. Sí, requiere cierta dedicación, no puede uno distraerse con el fútbol, Netflix o un podcast sobre el asesinato de un hombre disfrazado de Papá Noel, en Reno, en 1987. Por poner tres ejemplos aleatorios. La picaña exige cierta tensión gastronómica y nosotros se la vamos a dar.

Hemos preparado también (como es costumbre en este libro) unos aderezos maravillosos y elaborado un complemento ideal, en este caso con algo tan simple como unos cogollos, pero bien trabajados.

Y, por último, pero no menos importante, con solo unas cuantas letras más, vamos a revelarle el secreto de la mejor salsa chimichurri a la que un ser humano puede aspirar. No hablamos de una salsa chimichurri cualquiera, hablamos de una salsa chimichurri que haría llorar al dalái lama. De placer, se entiende.

Nuestro chimichurri por sí solo es razón suficiente para que la inversión que ha realizado en este libro se vea compensada en términos absolutos.

Vamos allá.

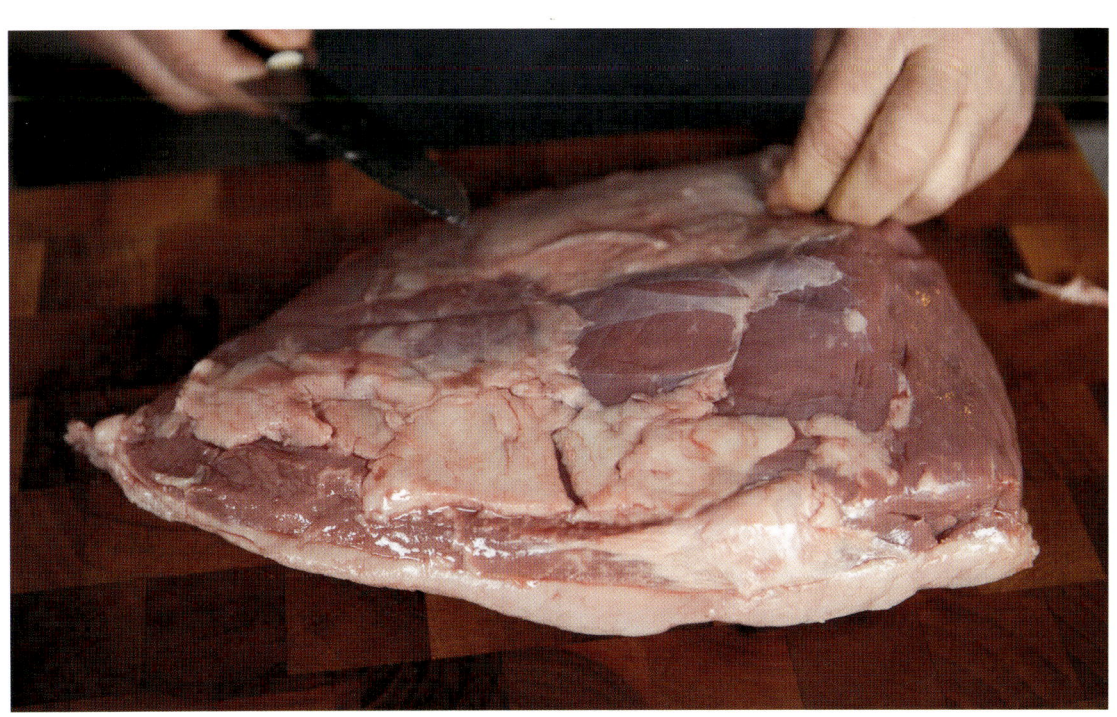

LA PICAÑA

INGREDIENTES:
- 1 pieza de picaña (aprox. 2-3 kg)
- Sal

PARA EL ADEREZO:
- 200 g de pimienta
- 100 g de sal
- 2 cs de pimentón ahumado
- Un buen chorro de salsa Perrins

ELABORACIÓN:
1. Limpiar la picaña de exceso de grasa.
2. Marcar el lado de la grasa con un cuchillo en forma de cuadrados de 2 × 2 cm.
3. Masajear con el aderezo y dejar marinar 2 h.
4. Marcar la picaña por el lado de la grasa hasta que esta quede bien dorada y crujiente.
5. Dar la vuelta a la picaña en la parrilla e introducir la sonda en su interior hasta el centro de la pieza.
6. Cuando la sonda alcance los 60 °C, sacar la pieza de carne y reposar; la temperatura en reposo subirá hasta los 63 °C, que es su temperatura ideal de punto.
7. Cortar la picaña y disponer en un plato.
8. Sazonar a gusto de sal y salsa chimichurri y acompañar del cogollo con aguacate majado (ver recetas en pág. 87).

ADEREZO:

Mezclar en un recipiente la sal, la pimienta y el pimentón dulce ahumado y sazonar la carne hasta que quede bien impregnada. Acto seguido humedecer y masajear la picaña con la salsa Perrins.

Comensales: 4
Dificultad: Media

COGOLLO CON AGUACATE MAJADO

INGREDIENTES:
- 3 cogollos
- 1 aguacate grande
- 20 g de cilantro picado
- 20 g de perejil
- 20 g aceite de oliva 0,4°
- 2 cc de salsa Perrins
- 40 g de queso parmesano rallado
- 1 cc de sal

ELABORACIÓN:
1. Desprender las hojas de los cogollos e introducirlas en agua con hielo.
2. Limpiar el aguacate y ponerlo en el mortero.
3. Añadir sal, cilantro, perejil, aceite y la salsa y mezclar hasta obtener una crema fina y homogénea.
4. Añadir el queso rallado y mezclar suavemente.
5. Disponer la mezcla en las hojas de cogollo y emplatar de la forma deseada.

EL CHIMICHURRI

INGREDIENTES:
- 500 g de aceite de oliva 0,4°
- 50 g de ajo picado
- 90 g de cebolleta fresca picada
- 3 hojas de albahaca fresca picada
- 50 g de perejil picado
- 80 g de vinagre de manzana
- 125 g de zumo de limón
- 20 g de vinagre balsámico
- 3 hojas de orégano fresco
- 70 g de piquillo picado
- 1 cc de tomillo seco
- 1 cc de pimentón de La Vera picante

ELABORACIÓN:
Juntar todos los ingredientes en un bol y reservar.

Lo sabemos: parece increíble. El secreto de nuestro maravilloso chimichurri no reside en la dificultad de su elaboración, sino en la perfecta mezcla de sus ingredientes.

LA PICAÑA

EL CHIMICHURRI

CUESTIÓN DE TRIPAS

La entraña se ha colado por la puerta grande en la gastronomía española. Lo hizo aprovechando la llegada de una nutrida colonia argentina (no solo Leo Messi, hay muchos más) y sus asados, y luego se extendió como la pólvora, porque —no nos engañemos— la entraña es un plato delicioso. No es que sea el más tierno de los manjares, pero lo compensa con un sabor incomparable.

Es una pieza alargada, estrecha, situada en el músculo del diafragma de la ternera, que brilla en boca (que diría un crítico gastronómico) y es perfecta para un asado. Como ya hemos hecho antes, y es algo muy importante para este tipo de carne más potente, más rotunda, vamos a preparar un marinaje. Eso no solo le dará una textura más suave, sino que provocará un *twist* en el sabor.

Lo haremos varias veces a lo largo de este libro, y aunque requiere algo más de tiempo, la carne agradece siempre un tratamiento especial. Eso sí, estas salsas creadas para masajear las piezas de carne antes de ponerlas en la barbacoa pueden crear adicción. Para que nuestra entrada al mundo de la entraña resulte completa, hemos atacado la carne con un ariete especial: nuestra receta de las papas *arrugás*, complemento directo perfecto para el sabor de la pieza. Y remataremos el tema con una salsa que resiste con fuerza todos los adjetivos, porque es una delicia inenarrable: el almogrote. Venga. No perdamos más tiempo. A por ello. Primero, vamos a marinar.

LA ENTRAÑA

INGREDIENTES:
- 2 tiras de entraña
- Sal de cristal

PARA LA MARINADA:
- 250 g de salsa teriyaki
- 160 g de aceite
- 80 g de agua
- 30 g de perejil
- 20 g de ajo
- 30 g de jengibre picado
- 20 g de jalapeño encurtido picado

ELABORACIÓN:
1. Limpiar de grasa las entrañas.
2. Introducir en la marinada y dejar macerar durante 2 h.
3. Disponer la entraña en la parrilla y asar hasta que se dore, dar la vuelta en la parrilla, dorar la otra cara y servir cortada con sal de cristal por encima.

MARINADA:
Mezclar todos los ingredientes en un bol y reservar.

Ahora, vayamos a por la guarnición: las mejores papas *arrugás* que probará en su vida.

Comensales: 4
Dificultad: Media

PAPAS ARRUGÁS

INGREDIENTES:
- 2 kg de patatas Maris Peer
- 300 g de sal
- 1/2 l de agua

ELABORACIÓN:
1. Disolver la sal en el agua.
2. Introducir las patatas y cocer con tapa a fuego medio durante 15 min.
3. Sacar las patatas de la cazuela sin romper la capa de sal adherida a ellas.

SALSA ALMOGROTE

INGREDIENTES:
- 20 g de ajo sin germen blanqueado 3 veces
- 150 g de tomate Concasse
- 50 g de pasta de pimiento choricero
- 1 cayena seca
- 1 cc de comino
- 170 g de aceite de oliva 0,4°
- 1 cc de sal
- 200 g de queso cabra

ELABORACIÓN:
1. Poner el ajo en el mortero y añadir el tomate, la pasta de pimiento choricero, la cayena y el comino.
2. Trabajar hasta obtener una pasta fina.
3. Añadir el aceite a hilo emulsionando la mezcla.
4. Incorporar el queso de cabra rallado y mezclar suavemente.
5. Echar la salsa sobre las patatas y servir.

LA ENTRAÑA

PAPAS ARRUGAS CON SALSA ALMOGROTE

SOLO HOY: HAZME EL VACÍO

El vacío, como la entraña, puede tener truco: es una carne jugosa pero no es extraño que sea fibrosa, simplemente porque el vacío de res es un corte que proviene de la parte lateral, entre las costillas y los huecos de la cadera. De suavidad intermedia, que dirían los entendidos. De modo que lo que le recomendamos aquí es una limpieza previa, librándonos así del exceso de grasa y tejido conjuntivo, para ayudar a la pieza a ser más atractiva. Al mismo tiempo, no vamos a sumergir, sin más, la carne en una salsa para maridarla, como hemos hecho con otras partes de la ternera en este mismo libro, sino que haremos algo más delicado: vamos a masajearla con la marinada.

No tiene mucho secreto: o bien podemos coger una cuchara y mojar la pieza y luego proceder a masajearla, o bien podemos coger la pieza, introducirla en un recipiente donde previamente hayamos vertido la salsa y después masajearla. O como hacen los que saben de esto: podemos meter las manos en la salsa y luego, con las manos empapadas, masajear la carne, y repetir las veces que haga falta. Eso sí: no lo haga con miedo, sino como si la pieza le suplicara el masaje. Es importante que la mezcla que hemos preparado se infiltre en la carne, que casi la posea. Eso le dará un sabor característico y modificará ligeramente su textura.

EL VACÍO

INGREDIENTES:
- 1 pieza de vacío

ELABORACIÓN:
1. Limpiar la pieza de carne de exceso de grasa y tejido conjuntivo.
2. Masajear con la marinada (ver receta en pág. 103) y dejar reposar a temperatura ambiente durante 3 h.
3. Disponer la pieza en un lado de la parrilla sin que cueza pero que vaya adquiriendo tonalidades ahumadas.
4. Asar la pieza por los dos lados hasta que tome un bonito color tostado.
5. Cortar el vacío en cortes de 4 cm y servir.
6. Podemos utilizar alguna salsa de otras recetas, como el chimichurri o la salsa de carne.

Comensales: 4
Dificultad: Fácil

LA MARINADA

INGREDIENTES:
- 130 g de manteca de cerdo atemperada
- 10 g de ajo en polvo
- 20 g de pimentón dulce
- 20 g de salsa Perrins
- 1 cc de pimienta negra
- 1 cc de sal

ELABORACIÓN:

Juntar todos los ingredientes en un bol y mezclar. Reservar.

Como ya hemos comentado, antes de dejarle solo ante el peligro de una pieza así, debe dejar reposar la carne tras masajearla. Tres horas de calma. Y luego le dispensaremos un trato especial, ya que no la pondremos directamente sobre las brasas, sino a cierta distancia. Queremos que la pieza de carne pase por un proceso de ahumado.

Ah, y como siempre, hemos pensado en dos extras para la ocasión: un complemento delicioso a base de plátano —sí, de plátano— y una mole de chicharrón. Porque queremos comer de lujo. Como siempre.

104

CHIPS DE PLÁTANO

INGREDIENTES:
- 1 plátano macho
- Aceite de girasol
- Sal

ELABORACIÓN:
1. Quitar la cáscara del plátano.
2. Cortar el plátano en tiras de 3 cm de grosor, aproximadamente. Puede utilizar una mandolina.
3. Freír en aceite de girasol a 180 °C.
4. Disponer los trozos fritos sobre papel absorbente y añadir sal.
5. Aliñar con el mole de chicharrón por encima y servir.

MOLE DE CHICHARRÓN

INGREDIENTES:
- 300 g de tomate escalivado sin piel
- El zumo de una lima
- 60 g de vinagre de Jerez
- 150 g de ajo escalivado sin piel
- 2 ajíes secos
- 3 granos de pimienta de Jamaica
- 8 uds. de clavo
- 1 cc de orégano seco
- 2 cc de ajo en polvo
- 30 g de cortezas de cerdo
- 1 cc de pimentón dulce
- 20 g de cilantro picado
- 1 cc de sal

ELABORACIÓN:
1. Juntar todos los ingredientes en un bol y triturar con el túrmix.
2. Comprobar el punto de densidad y añadir un poco de agua si fuera necesario para aligerar la consistencia.

EL VACÍO

CHIPS DE PLÁTANO CON MOLE DE CHICHARRÓN

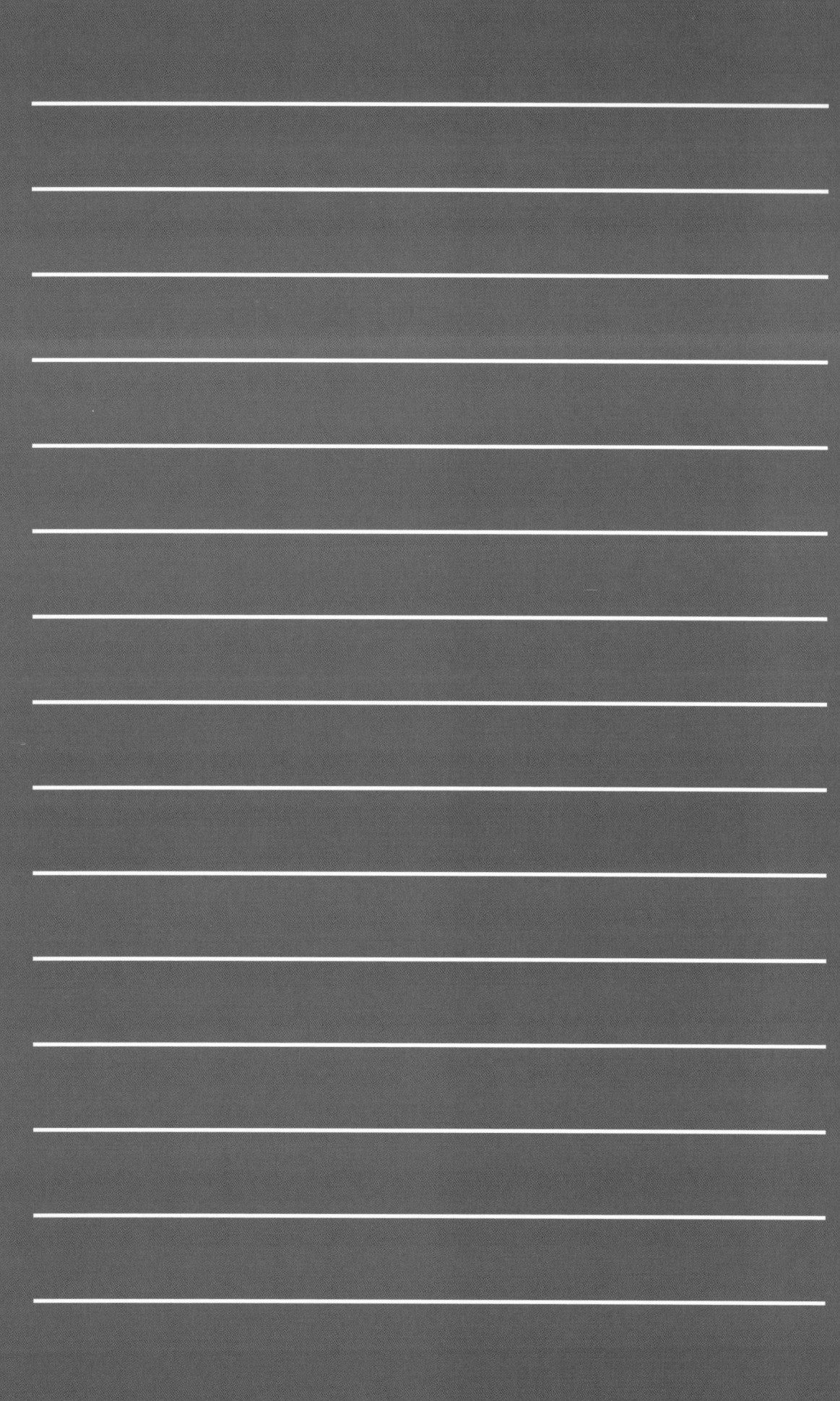

CARNE DE CERDO

PAPADA

PALETA

LOMO

COSTILLA

JAMÓN

PANCETA

EL MEJOR COLCHÓN

Hay malas famas que son merecidas, como la del reguetón o el Malibú con piña, y otras que son una lacra y que no se corresponden con la realidad. La carne de cerdo ha sido injustamente menospreciada y no ha ocupado el lugar que merece en la gastronomía. Y no solo estamos hablando del jamón, que por méritos propios se sitúa en el olimpo de nuestra cocina, aunque no está entre las carnes que echaremos al fuego. Pero, por supuesto, cualquier receta que cocine la puede acompañar de un plato de buen jamón, eso nunca sobra y hará que sus comensales perdonen cualquier detalle que haya olvidado en su cocinado.

Muchas carnes de cerdo son altas en proteínas y perfectas para hacer a la brasa. No le vamos a aburrir con las propiedades nutricionales de este animal, pero en general tienen una proporción de ácidos grasos saturados baja en comparación con otras carnes. Obviamente, si se pone como un cerdo de cerdo, le sentará mal. Pero del mismo modo que si se pone como un cerdo de cualquier otra cosa que no sea lechuga.

El cerdo ofrece muchas posibilidades y tiene partes muy nobles (no nos llevemos a malentendidos con esta expresión) que pueden hacer las delicias de cualquier amante de la gastronomía. Aunque el dicho ya nos

indica que del cerdo se aprovecha todo, nosotros vamos a centrarnos en las partes que a usted le van a hacer quedar bien con sus invitados o su familia. Carnes equilibradas y sofisticadas que volverán loco a quien las pruebe.

Además, alguna de las recetas de carne porcina que ofrecemos en este libro son del MVP de las carnes: el cerdo ibérico. Para no saturarle no entraremos en elogios que seguro habrá oído, pero cualquier lisonja, desde «olivo con patas» a «joya gastronómica», se queda corta. Saludable y exquisito, todo lo que digamos es poco para los sabores, la jugosidad y los beneficios que ofrece este animal.

Para empezar, vamos con una de las carnes más jugosas y deliciosas: la pluma ibérica.

La pluma ibérica, obviamente, no guarda relación alguna con el mundo de las aves. Es una pieza de forma triangular (lo ha adivinado, sí, por eso se llama pluma) que se ubica en la parte anterior del lomo, junto a la presa (otra parte de nombre confuso); para que pueda ubicarla, está por encima de las patas delanteras. Cada cerdo tiene dos plumas. Y son un verdadero manjar. Es una pieza sofisticada, sabrosa y de agradable textura, muy equilibrada en magro y grasa. Una de las joyas del cerdo ibérico, sin duda.

Es bastante fina, así que no se pase de cocción. Eso sí, pásese con las cortezas de cerdo y la salsa «Que viva Zapata» que elaboraremos como acompañamiento.

LA PLUMA IBÉRICA

INGREDIENTES:
- 2 piezas de pluma ibérica de aproximadamente 300 g cada una

PARA LA MARINADA:
- 50 g de miel
- 50 g de mostaza amarilla

ELABORACIÓN:
1. Retirar el exceso de grasa de la pluma.
2. Macerar con la marinada durante 2 h.
3. Asar la pluma en la parrilla por los dos lados hasta que adquiera un bonito aspecto dorado.
4. Servir en la vajilla deseada.

Y si la preparación era sencilla, más lo es el acompañamiento. Eso sí, lo vamos a aderezar con una salsa con carácter. Con mucho carácter. Tanto que cuando se acaben las cortezas querrá seguir con pan o con lo que tenga a mano. Y cantar corridos y rancheras.

MARINADA DE MIEL Y MOSTAZA:
Ya habrá observado el lector que no puede haber preparación más sencilla que esta. Solamente hay que mezclar la miel y la mostaza en un bol y reservar. Así de fácil, pero con un resultado fantástico.

Comensales: 4
Dificultad: Fácil

CORTEZAS DE CERDO

PARA LA SALSA:
- 30 g de aceite oliva
- 2 cayenas secas
- 1 diente de ajo
- 120 g de cebolla cortada a cuadraditos
- 240 g de tomate de colgar rallado
- 20 g de jalapeño natural
- 15 g de cilantro
- El zumo de 2 limones exprimidos
- La piel de una lima rallada
- 20 g de maíz dulce
- 1 cc de sal
- 1 cc de pimienta

Abrir la bolsa de cortezas y colocar en la vajilla deseada. Ya dijimos que era fácil. Y napar con la salsa «Que viva Zapata».

SALSA «QUE VIVA ZAPATA»:
1. En una cazuela, poner aceite y añadir ajo y cayena en frío y calentar a fuego medio.
2. Cuando el ajo y la cayena «bailen», añadir la cebolla y freír a fuego medio hasta que esta vaya perdiendo el agua y coja un color tostado suave.
3. Añadir el tomate y cocer durante 10 min a fuego lento.
4. Dejar enfriar.
5. Añadir en frío el resto de ingredientes, poner a punto de sal y pimienta, mezclar y reservar.

LA PLUMA IBÉRICA
CORTEZAS DE CERDO CON SALSA «QUE VIVA ZAPATA»

QUÉ RICO, PAPI

Aquí vamos a llevar al fuego una de las piezas más melosas y tiernas del cerdo. Imagino que ya sabrán qué es y dónde se ubica el lomo del cerdo (sí, arriba, justo en el lomo). Pues en la punta delantera del lomo se encuentra este manjar del cerdo ibérico que suele estar atravesado por una fina veta de grasa: el lomo de dos colores. Y a pesar de su nombre de golosina o de rotulador, este sabroso corte tiene una textura delicada que hará que sus comensales se relaman en la mesa. Es una apuesta segura.

Al lomo de dos colores se le llama también cabezada, no porque sea de la cabeza (ni porque te sumerja en un sueño ligero), sino por ser la parte del lomo más cercana a la cabeza.

Aviso: este plato no es de barbacoa, pero está tan bueno que no hemos podido resistirnos. Además, a veces llueve, a veces es invierno y a veces a uno le apetece quedarse en el sofá.

La salsa es el gran secreto de este plato. Es de origen yucateco y una de las delicias de la cocina mexicana. Es suave, pero con personalidad, y aporta muchísimos matices en la boca.

LA COCHINITA PIBIL

INGREDIENTES:
- 12 tortillas de maíz
- 1,2 kg de cabezada
- 20 g de sal
- 1 ramita de cilantro
- Una lima cortada
- Crema agria ahumada
- Cortezas de cerdo rotas

PARA LA SALSA:
- 350 g zumo de naranja
- 200 g de achiote
- 50 g de aceite de oliva
- 30 g de vinagre de manzana
- 25 g de cebolla
- 1 cc de orégano
- 1 cc de comino
- 1 ud. de clavo

ELABORACIÓN:
1. Cortar el lomo de dos colores en dos trozos.
2. Masajear con la sal y dejar reposar 2 h.
3. Añadir la salsa pibil e introducirlo todo en una cazuela de hierro forjado con tapa y asar a 170 °C durante 2 h. En horno eléctrico o en nuestra barbacoa con una tapa.
4. Verificar a mitad de cocción que la elaboración no quede seca, y añadir agua si fuera necesario.
5. Deshilachar la carne dentro de la salsa y reservar.
6. Disponer la carne en el soporte de pan deseado y complementar con la cebolla roja encurtida, las cortezas de cerdo, la crema agria ahumada, el cilantro y la lima a modo de aliño.

SALSA PIBIL:
Mezclar todos los ingredientes en un bol y reservar.
Sí, así de sencillo.

Se estará preguntando: ¿cebolla roja encurtida?
No se asuste, ahora le enseñamos cómo hacer esta cebolla tan potente que complementa a la perfección este plato.

Comensales: 6
Dificultad: Difícil

CEBOLLA ENCURTIDA

INGREDIENTES:
- 3 cebollas rojas en juliana, muy finas
- 200 g de zumo de lima
- 200 g de zumo de naranja
- 2 cc de orégano seco
- 2 cc de sal

ELABORACIÓN:

Juntar todos los ingredientes y dejar macerar durante 24 h.

Para disfrutar de la cochinita pibil, lo mejor es comprar unas tortillas de maíz, calentarlas con un toque de microondas y hacerse un buen taco rellenando cada tortilla con la elaboración que acabamos de compartir con usted.

LA COCHINITA PIBIL
CEBOLLA ENCURTIDA

FUERTE Y AL COSTADO

Hay algunas recetas que son literalmente «para chuparse los dedos». Esta es una de ellas. Porque cuando acabe de repelar las costillas no podrá evitar lamerse los dedos.

El costillar, que suele pesar en torno al kilo y medio, es de esas partes del cerdo que no necesitan de coordenadas: no es preciso un dibujo para que le sea fácil localizar en qué parte del cerdo se encuentra. Es como las orejas o el morro. Pues eso, el costillar está en el costillar del cerdo. Y, aunque parezca obvio, no hay que confundir las costillas con las chuletas. El costillar es una parte de la caja torácica y tiene una sabrosa carne adherida a la parte ósea. Nuestra receta, muy americana, es de las que cuando las pones en el plato te sientes como Obélix antes de zamparse un jabalí, pero que siempre te dejan con ganas de más.

En este caso, prepararemos también nuestra propia salsa barbacoa. Y remataremos la faena con un acompañamiento sencillo pero que siempre triunfa.

Vamos allá.

EL COSTILLAR DE CERDO

INGREDIENTES:
- 1 costillar de cerdo
- 2 kg de manteca de cerdo
- La piel de 1 limón
- La piel de 1 naranja
- 10 g de pimienta en grano
- 4 dientes de ajo
- 1 cc de sal
- Especias y hierbas aromáticas al gusto

ELABORACIÓN:
1. Masajear las costillas con la manteca y colocar en una bandeja, con las hierbas aromáticas y especias que se desee. Añadir la manteca sobrante, las pieles del limón y la naranja, los dientes de ajo, la sal y la pimienta.
2. Confitar en horno convencional a 130 °C durante 4 h.
3. Dejar atemperar.
4. Escurrir el exceso de grasa y reservar a temperatura ambiente.
5. Pintar las costillas con la salsa barbacoa (ver receta en pág. 131) y reservar a temperatura ambiente.
6. Disponer las costillas en la parrilla, y seguir pintando con la salsa hasta que se vayan dorando y caramelizando.
7. Servir en el soporte deseado.

Y, como ya le hemos adelantado, para acompañar va una de las recetas más desestresantes, jugosas y sencillas que existen y que transforman el sabor de algo aparentemente tan común como una cebolla.

Comensales: 4
Dificultad: Fácil

SALSA BBQ

INGREDIENTES:
- 1 cebolla
- 2 dientes de ajo
- 1 chorro de aceite
- 20 g de vinagre de manzana
- 2 cc de salsa Perrins
- 2 cc de salsa HP
- 90 g de kétchup
- 30 g de azúcar de caña sin refinar
- 1 cc de mostaza de Dijon
- 15 g de bourbon

ELABORACIÓN:
1. Picar la cebolla y el ajo en cortes muy finos.
2. Pocharlos en el aceite.
3. Una vez pochados, añadir el bourbon.
4. Dejar reducir hasta que se evapore todo el líquido.
5. Añadir el resto de ingredientes.
6. Hervir durante 5 min.
7. Triturar y colar la mezcla.
8. Una vez colada, reducir a fuego lento hasta obtener una textura «caramelo».
9. Reservar en frío.

CEBOLLA PUÑETAZO

INGREDIENTES:
- 2 kg de cebollas de Figueras (la rosa)
- 500 g de azúcar
- 500 g de vinagre de vino
- 250 g de sal

ELABORACIÓN:
1. Poner las cebollas (no todas a la vez) en un trapo y golpearlas con el puño hasta que queden bien tronchadas. Puede darle todo el rato que quiera. Pensando en su jefe, su suegro o el conductor que no paró en el paso de peatones. La víctima se la dejamos a su elección.
2. En un bol, echar las cebollas, el azúcar, la sal y el vinagre, y verter agua hasta que los cubra.
3. Dejar 24 h en la nevera.
4. Escurrir y mezclar las cebollas con tomate si se quiere, aunque solas ya están espectaculares.

EL COSTILLAR DE CERDO

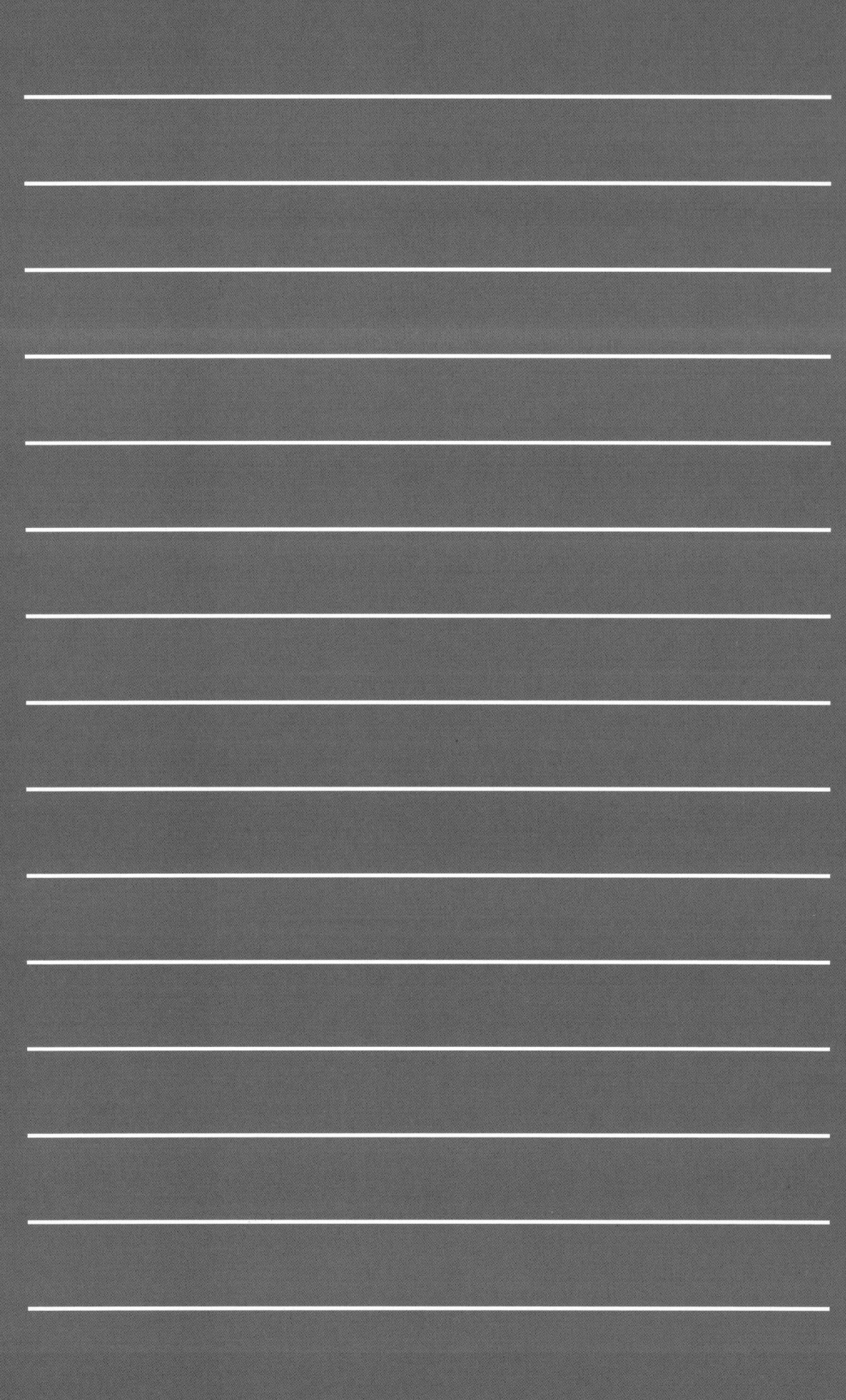

CARNE DE CORDERO

CUELLO

CHULETERO

PECHO

PALETILLA

SILLA

COSTILLAR

PIERNA

FALDA

JUÉGATE EL CUELLO

Una de las piezas más jugosas del cordero es el cuello. Quizá el nombre no es el más sexy —o quizá sí, cada cual con sus fetiches—, pero es sin duda una de las partes más suculentas de este animal. Tiene la ventaja de que no necesita más información para ubicarlo. Si ha visto algún cordero, aunque sea en fotografía, ya entiende de qué parte estamos hablando. En la carnicería se lo venden en trozos, de modo que no hace falta que se transforme en Charles-Henri Sanson, el verdugo que hizo pasar por la guillotina a María Antonieta, Luis XVI o Robespierre.

El plato que vamos a preparar es una mezcla de tradiciones, lo que hoy llaman «fusión». Haremos unas quesadillas, típicas de la cocina mexicana, con el cuello de cordero. Y aliñaremos con una salsa muy especial: la salsa griega tzatziki, que es muy refrescante y fácil de elaborar.

EL ESTOFADO DE CUELLO DE CORDERO

INGREDIENTES:
- 3 cuellos
- Un l de vino blanco
- 200 g de cebolla picada
- Sal y pimienta
- 1 ramita de romero
- 1 ramita de tomillo
- 1 hoja de laurel

ELABORACIÓN:
1. Limpiar los cuellos de grasa y sangre.
2. Sazonarlos con sal y pimienta.
3. Marcarlos en la parrilla dorando bien todos sus lados.
4. Introducir los cuellos tostados en una cazuela de hierro forjado con hierbas aromáticas.
5. Añadir la cebolla picada, el vino blanco y las especias; poner la tapa y guisar a fuego lento durante 1,5 h.
6. Comprobar que el estofado no quede seco. Añadir agua si fuera necesario.
7. Deshuesar los cuellos y reservar la carne.

Y ahora vamos a convertir este gran plato clásico en un plato exquisito que va a disfrutar toda la familia.

Comensales: 4
Dificultad: Fácil

LAS QUESADILLAS DE CUELLO DE CORDERO

INGREDIENTES:
- 1 paquete de tortillas grandes de trigo
- 200 g de queso Idiazábal ahumado rallado

ELABORACIÓN:
1. Disponer una tortilla de trigo en una superficie plana y, en una mitad, espolvorear con el queso rallado hasta crear media circunferencia.
2. Añadir encima del queso la carne del cuello estofada y volver a espolvorear con queso rallado.
3. Cerrar la tortilla en forma de media luna y colocar en las miniparrillas de apoyo, encima de las brasas, sin que se quemen. Esperar a que el queso quede bien fundido.
4. Disponer las quesadillas en el soporte deseado y servir con la salsa tzatziki brutal.

SALSA TZATZIKI BRUTAL

INGREDIENTES:
- 120 g de pepino sin piel ni pepitas
- 200 g de yogur griego escurrido
- 15 g de aceite de oliva virgen extra
- La piel y el zumo de una lima
- 1/4 de diente de ajo
- 1 ramita de menta triturada
- 1 ramita de eneldo triturado
- Sal y pimienta negra

ELABORACIÓN:
1. Pelar el pepino, quitarle las pepitas con una cucharilla y rallar con la ayuda de un rallador.
2. En un bol, mezclar el pepino con el resto de ingredientes y reservar en frío hasta su utilización.

LAS QUESADILLAS DE CUELLO DE CORDERO

SALSA TZATZIKI BRUTAL

LOBO CON PIEL DE CORDERO

El cordero es un asunto muy serio. Es uno de esos platos que hay que vigilar de cerca. Puede ser esquivo y huidizo y no es conformista cuando se trata de quedarse con todo el calor que desprendan unas buenas brasas. Básicamente, es una oveja de menos de un año de edad, y también —por qué no decirlo— la carne de animales domesticados que consumimos desde hace más tiempo, pues se calcula que en Oriente empezaron a cocinarlo en torno al 9000 a. C., aunque en la península ibérica no lo cataríamos hasta muchísimos siglos después, porque esperábamos a que lo perfeccionara un tercero. Nosotros somos así.

Una de las grandes virtudes de esta carne es su versatilidad: se puede servir bien fileteada y dentro de un trozo de pan a las tantas de la noche, en cualquier ciudad del mundo, o comer en Segovia con un vino carísimo, o la puede hacer usted en casa con el método que nos disponemos a indicarle. Pero, ojo, hay que prestar mucha atención a la cocción y permanecer atento al proceso en todo momento.

Vamos a hacerle trabajar: primero hay que deshuesar la paletilla. Después la rellenaremos para que sea un manjar de dioses y no solo una paletilla de cordero.

Primero prepare el relleno, para que después no se despiste y tenga que correr.

LA PALETILLA DE CORDERO

INGREDIENTES:
- 1 paletilla de 1,2 kg.
- Un l de caldo de carne
- Aceite de oliva
- Sal y pimienta

ELABORACIÓN:
1. Deshuesar la paletilla dejando solo el hueso del jarrete.
2. Introducir el relleno de cebolla y lechezuelas (ver receta en pág. 155) y bridar la paletilla, de forma que adquiera una forma cilíndrica.
3. Salpimentar.
4. En una cazuela con tapa en nuestra barbacoa, dorar la paletilla con aceite por todos los lados a fuego medio, evitando así que se rompa la brida.
5. Una vez dorada, añadir el caldo, poner la tapa y estofar a 160 °C durante 1,5 h.
6. Comprobar a mitad de cocción que no se quede sin agua.

Por supuesto, remataremos el guiso con nuestra salsa especial (ver receta en pág. 155). Y listos.

Comensales: 2
Dificultad: Difícil

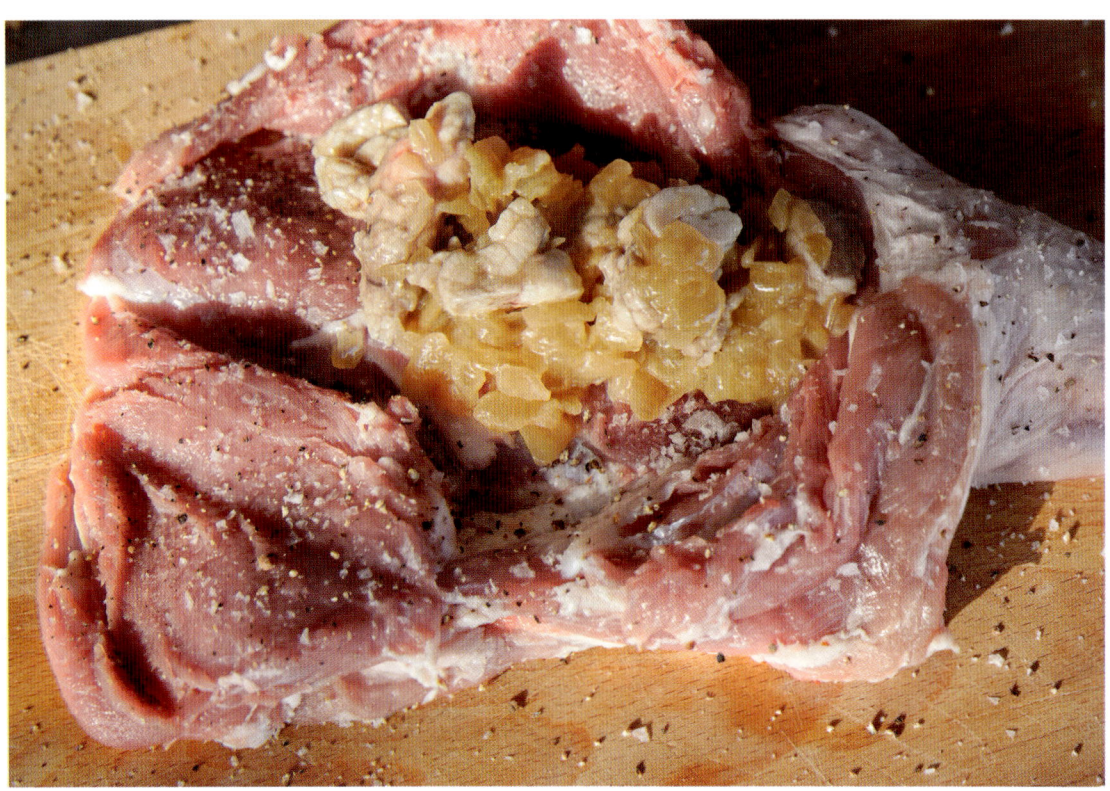

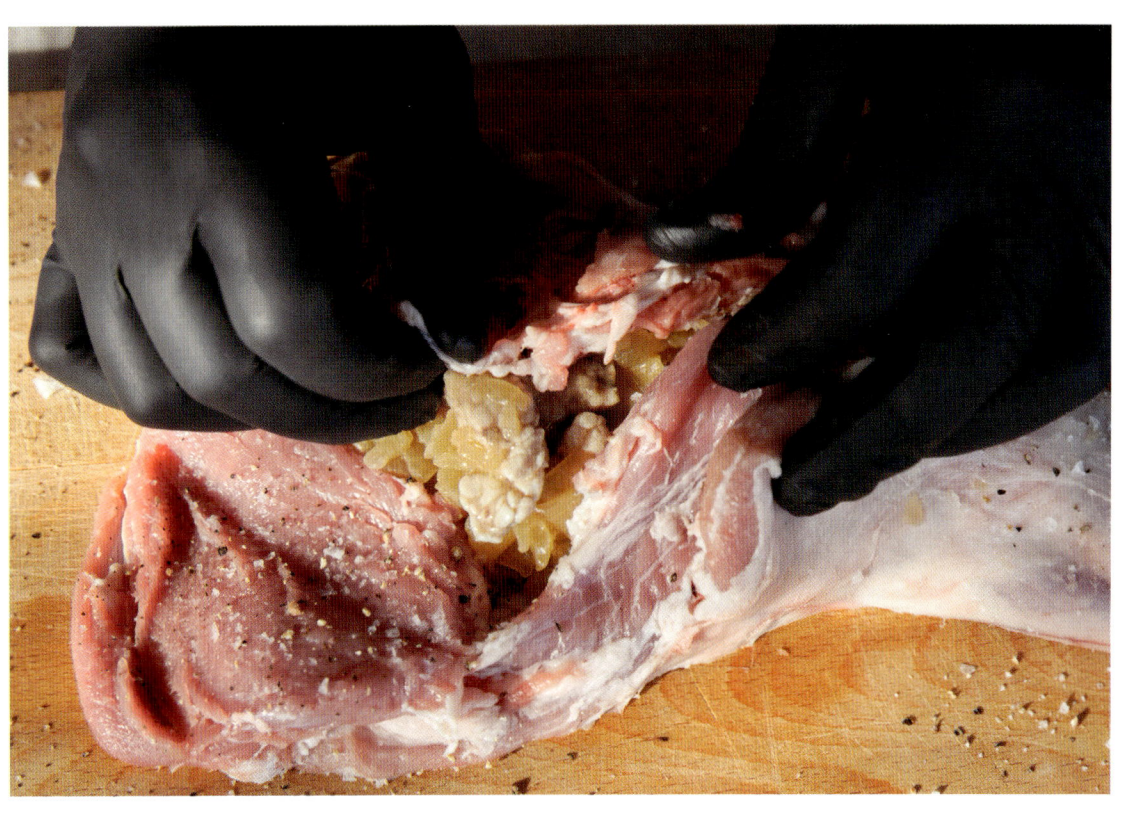

RELLENO DE PALETILLA

INGREDIENTES:
- 100 g de lechezuelas de cordero
- 200 g de cebolla en juliana
- 40 g de aceite de oliva
- 1 cc de sal

ELABORACIÓN:
1. Pochar la cebolla en el aceite.
2. Blanquear las lechezuelas y quitar la capa de piel que las envuelve, cortarlas en trozos de 1 cm de lado. Reservar.
3. Una vez pochada la cebolla, añadir las lechezuelas, cortadas en trozos de unos 2 cm de diámetro y mezclar; dejar cocer durante 5 min.
4. Reservar en frío envuelto en papel film.

Además de la salsa de vino tinto, para acompañar vamos a preparar una buena ensalada, muy jugosa (ver receta en pág. 156).

SALSA DE VINO TINTO

INGREDIENTES:
- 1 kg de jarrete de vaca
- 1 kg de huesos de rodilla
- 3 carcasas de pollo
- 2 cebollas
- 1,5 cabezas de ajo
- 250 g de tomate rallado
- 1,5 l de vino tinto

ELABORACIÓN:
1. Dorar los huesos y reservar. Añadir las verduras y tostar luego el tomate y, por último, introducir los huesos de nuevo, cubriéndolos con el vino. Dejamos que se oiga el chup chup durante 6 h, retiramos los huesos, y trituramos las verduras y el caldo, reduciendo hasta espesar.
2. Esta salsa nos sirve para muchas de las recetas de este libro. Le aconsejo que la congele en un recipiente de cubitos de hielo, serán nuestras pastillas de caldo para cualquier ocasión.

ENSALADA DE APIO

INGREDIENTES:
- 1 apio
- 2 manzanas Granny Smith
- 50 g de nueces

ELABORACIÓN:
1. Con la ayuda de un pelador, hacer tiras alargadas de la penca del apio e introducir en agua con abundante hielo hasta que adquieran unas formas rizadas.
2. Escurrir bien el apio rizado y disponer en un plato hondo complementando con la manzana cortada y los trozos de nueces.
3. Aliñar con la vinagreta de mostaza y servir (ver receta en pág. 57).

157

LA PALETILLA DE CORDERO

DE VINO TINTO

DIRECTO A LAS COSTILLAS

Seguimos con el cordero. Este es el plato más sencillo y uno de los más habituales de la barbacoa. Su dificultad reside en lograr el punto ideal de sal; vaya, no pasarnos ni quedarnos cortos y que las costillas alcancen el sabroso sabor que deseamos.

Y nada le sienta mejor a estas costillas crujientes que un buen alioli ligero. Ligero, sí, porque si lo hace más fuerte mata el sabor de la carne y no podrá besar a su pareja en todo el día.

LAS COSTILLAS DE CORDERO

INGREDIENTES:
- 2 costillares de cordero (unos 3 kg)
- Sal

ELABORACIÓN:
1. Cortar las costillas con la ayuda de un cuchillo.
2. Asar en la parrilla hasta que queden bien doradas y crujientes.
3. Poner a punto de sal las costillas y disponerlas en la vajilla deseada.
4. Servir acompañadas del alioli ligero y de los cogollos con salsa de queso azul.

Sí, no se preocupe, ahora le daremos las recetas del alioli y los cogollos, que aunque parezcan una guarnición liviana, son un acompañamiento con mucho carácter, ideal para nuestras costillas.

Comensales: 4
Dificultad: Fácil

COGOLLOS CON SALSA DE QUESO AZUL

INGREDIENTES:
- 12 cogollos
- 1 diente de ajo pelado y picado
- 2 cs de vinagre de sidra
- 2 cs de queso azul (tipo cabrales o similar)
- 120 g de aceite de oliva virgen
- Sal

ELABORACIÓN:
1. Limpiar los cogollos y partirlos por la mitad longitudinalmente. Reservar.
2. En un vaso medidor, disponer el ajo, el queso, el vinagre y triturar con el túrmix.
3. Emulsionar con el aceite añadiéndolo en forma de hilo.
4. Poner a punto de sal y reservar.
5. Marcar el cogollo en la parrilla por el lado interior y disponer en un plato.
6. Aliñar con la salsa de queso y servir los cogollos de complemento con las costillas.

ALIOLI LIGERO

INGREDIENTES:
- 1 yema de huevo (o 15 g de huevo pasteurizado)
- 300 g de aceite de girasol
- 1 diente de ajo crudo
- 100 g de agua tibia
- 100 g de nata para montar
- 1 cebollino picado
- Sal

ELABORACIÓN:
1. En un vaso medidor, disponer el agua tibia, la yema y el ajo, y triturar hasta obtener una masa fina.
2. Emulsionar con el aceite de girasol.
3. Añadir la nata semimontada mezclando suavemente.
4. Añadir el resto de los ingredientes y reservar en frío.

LAS COSTILLAS DE CORDERO

Y ALIOLI LIGERO

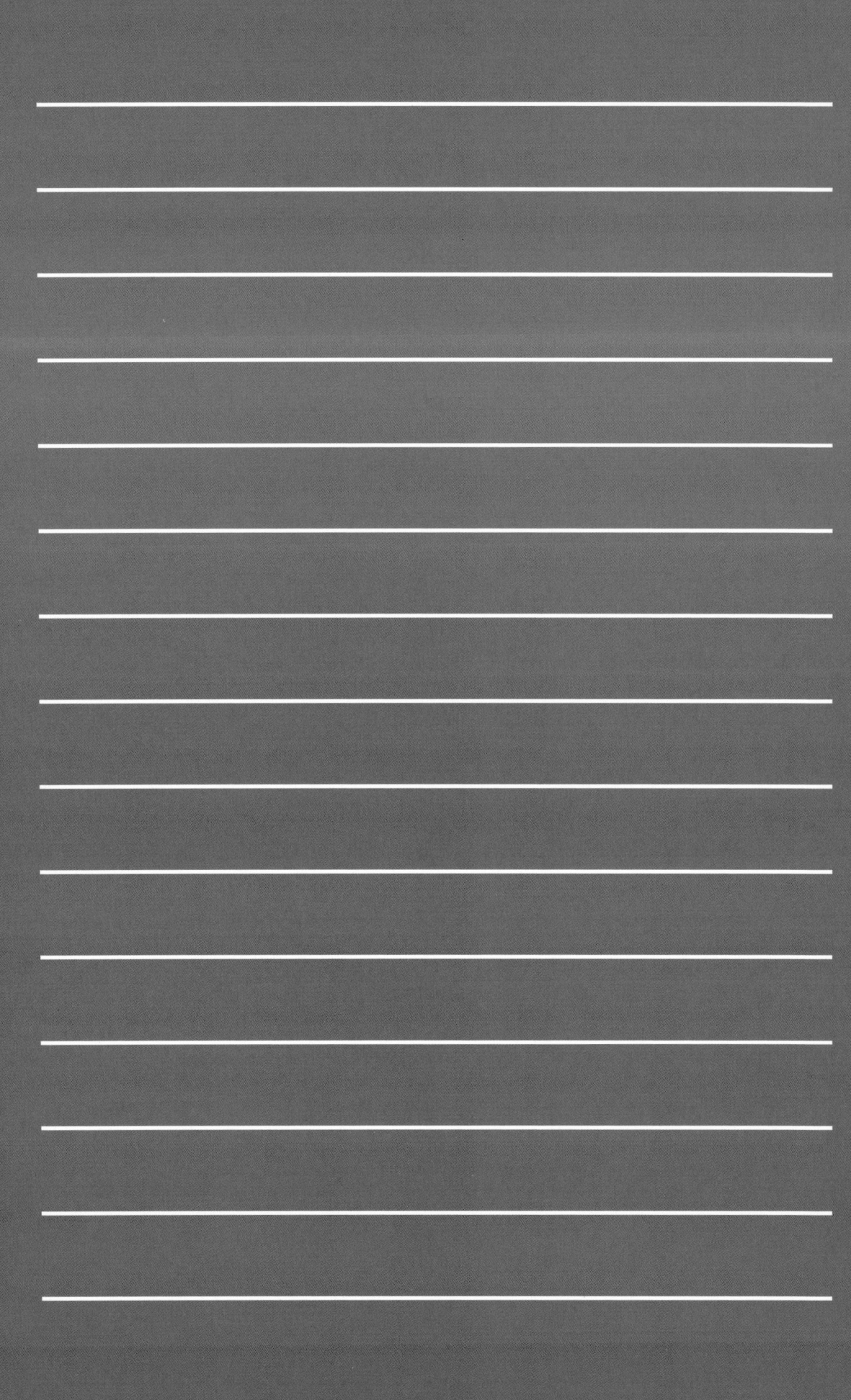

CARNE DE AVE

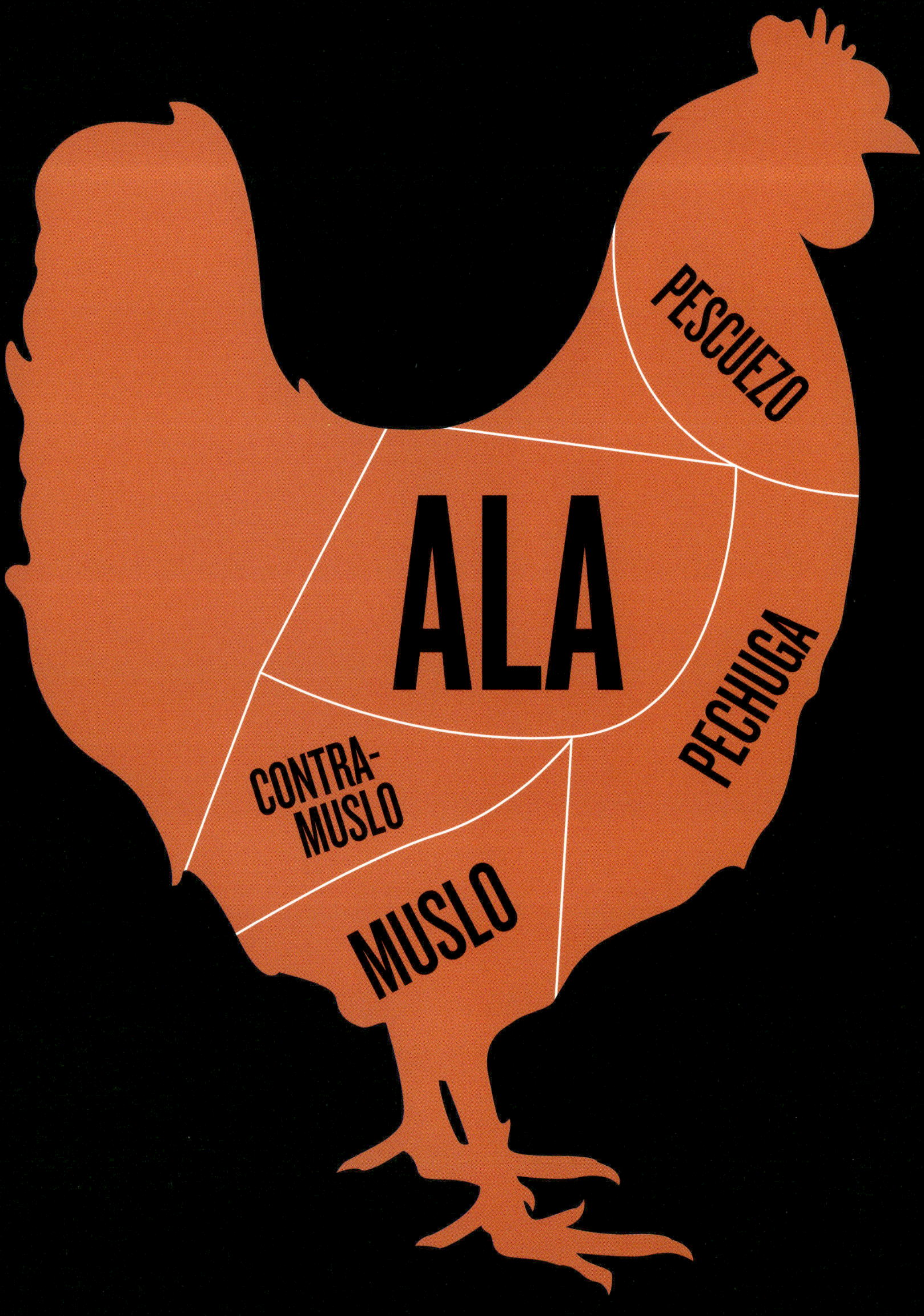

PESCUEZO

ALA

PECHUGA

CONTRA-
MUSLO

MUSLO

CUELLO

PECHUGA

ALA

MUSLO

NO PREGUNTES, COME

Para esta receta vamos a contar con una parte muy sofisticada del pollo, un verdadero manjar que habitualmente pasa desapercibido y que se suele descartar en el despiece. Es la llamada «ostra del pollo», aunque realmente son dos. Son muy jugosas y se encuentran al final del coxis, como si fueran las almohadillas de un *culotte* de ciclismo. Como no son ni muslo ni pechuga, se suelen descartar. Y el hecho de estar cerca del culo, hay que decirlo, también es motivo para rechazarlas. A esta pieza, o a estas dos piezas, se les llama ostras o sotilés, que es una castellanización de *sot-l'y-laisse*, es decir, «tonto el que lo deje», porque es un manjar cuyo descarte es una memez. En resumen, las ostras o los sotilés del pollo son unas piezas de jugosidad excepcional que hay que aprender a valorar.

Esta suculenta delicia le hará quedar como un cocinero experto. Una exquisitez que, cuando la pruebe, se preguntará por qué no la había preparado ni comido antes.

LOS SOTILÉS A LA PARRILLA SOBRE TORTILLA DE MAÍZ

INGREDIENTES:
- 300 g de sotilés
- 8 tortillas pequeñas de maíz
- 1 manojo de cilantro germinado
- 1 cebolleta fresca picada
- Unas ramitas de eneldo fresco
- Perifollo
- 1 puñado de cortezas de cerdo crujientes

PARA LA MARINADA:
- 60 g de aceite de oliva
- 1 cs de cúrcuma
- 1 cs de sal
- 1 cs de pimienta

ELABORACIÓN:
1. Marinar los sotilés durante 2 h en un bol.
2. Freír las tortillas de maíz en abundante aceite de oliva 0,4°.
3. Quitar el exceso de grasa de las tortillas con la ayuda de papel absorbente.
4. Poner los sotilés en una parrilla de malla fina o pequeña para que no caigan a las brasas.
5. Dejar en las brasas hasta que queden dorados por los dos lados.
6. Disponer el mojo (ver receta en pág. 179) sobre las tortillas y dos o tres sotilés por tortilla.
7. Poner encima el germinado y el eneldo.

MARINADA DE ACEITE Y CÚRCUMA:
Esta marinada es fácil, solo hay que pintar los sotilés con el aceite de oliva, disponer los ingredientes secos en un bol y sazonar. Dejar los sotilés 2 horas en la mezcla.

Comensales: 4
Dificultad: Media

SALSA DE MOJO VERDE

INGREDIENTES:
- 2 aguacates medianos
- 40 g de vinagre de vino blanco
- 10 g de cilantro
- 10 g de perejil
- 2 dientes de ajo
- El zumo de un limón

ELABORACIÓN:

Esta salsa, una de las grandes aportaciones de la cocina canaria, le va a dar un toque espectacular al plato.
Y además es muy sencilla de preparar.

1. Introducir los ingredientes en el mortero y trabajar la mezcla con paciencia hasta obtener una crema homogénea.

CORTEZAS DE CERDO:

Abrir la bolsa, romper las cortezas y poner sobre el aguacate.

LOS SOTILÉS A LA PARRILLA SOBRE TORTILLA DE MAÍZ

DE MOJO VERDE

MONTANDO EL POLLO

Podemos afirmar con total seguridad que el lector habrá comido pechuga de pollo miles de veces en su vida. El pollo es un elemento muy común en muchas cocinas del mundo, pero hoy vamos a darle una vuelta (literalmente) para conseguir un plato que es bastante mejor que su nombre. Porque uno escucha «pechuga rellena» y no le lleva, ni de lejos, a la exquisitez que vamos a preparar. Quizá si decimos *blanc de poulet farci*, le suene mejor. Pero lo cierto es que vamos a cocinar una espectacular, deliciosa e increíble pechuga de pollo rellena. Vamos a servirnos de unas lonchas de paletilla ibérica y queso para rellenarla, y la acompañaremos con una salsa de trufa. Ya va sonando mejor, ¿eh?

El resultado es simplemente increíble.

LA PECHUGA RELLENA

INGREDIENTES:
- 4 pechugas de pollo
- 16 lonchas de paletilla ibérica
- 8 lonchas de queso cheddar

ELABORACIÓN:
1. Limpiar las pechugas de restos de impurezas.
2. Abrir las pechugas en forma de libro, salpimentar e introducir dos lonchas de queso cheddar y cuatro de paletilla ibérica en cada una.
3. Volver a cerrar la pechuga en forma de cilindro con la ayuda de papel sulfurizado.
4. Envolver la pechuga con papel de aluminio y reservar hasta la hora de cocinar.
5. Colocar las pechugas enrolladas con el papel de aluminio encima de la parrilla con la sonda introducida en su interior. Ir dando la vuelta a los rollos para que la cocción sea igual por todas las caras del cilindro.
6. Cuando la temperatura interior llegue a los 60 °C, retirar de la parrilla y quitar los papeles de envoltorio.
7. Volver a introducir los rollos de pechuga en la parrilla y dorarlos al gusto por todos los lados.

Como acompañamiento haremos unas alcachofas a la parrilla. Pocas verduras resultan tan ricas y se hacen tan bien a la brasa. Por dar un dato histórico: se consumen mucho en Italia desde el siglo xv (Italia sigue siendo el mayor productor mundial de alcachofas), y se dice que las introdujo en Francia Catalina de Médici al casarse con el rey Enrique II de Francia. Hala, además del plato, ya tiene tema de conversación.

Comensales: 4
Dificultad: Fácil

ALCACHOFAS A LA BRASA

INGREDIENTES
- 6 alcachofas
- Aceite de oliva
- Sal y pimienta

ELABORACIÓN:
1. Golpear las alcachofas boca abajo para que se abran.
2. Salpimentar al gusto.
3. Echar un chorrito de aceite.
4. Poner en la parrilla hasta que se quemen por fuera, más o menos 1 h.

SALSA ESPAÑOLA CON BASE DE TRUFA

INGREDIENTES:
- 1 carcasa de pollo limpia
- 1/2 hueso de rodilla de ternera
- 300 g de huesos de espinazo
- 300 g de morcillo o jarrete de ternera sin hueso cortado en trozos de 2 cm
- 1 cabeza de ajos cortada por la mitad
- 250 g de cebolla en *mirepoix*
- 1 zanahoria pelada y cortada en *mirepoix*
- Un l de vino reducido
- 200 g de tomate pera rallado
- 20 g de maicena
- 50 g de aceite de oliva 0.4°
- 10 g de jugo de carne (concentrado)
- 10 g de pasta de trufa

ELABORACIÓN:
1. Limpiar la carcasa y los huesos de exceso de grasa, disponer todo en una bandeja y dorar al horno durante 1 hora a 190 °C.
2. En una cazuela incorporar el aceite y calentar a fuego alto hasta que el aceite empiece a humear.
3. Añadir la carne de morcillo y bajar el fuego a temperatura media, dejar dorar hasta que la carne adquiera un color tostado y uniforme, pero prestando atención para que no tome matices amargos.
4. Añadir los ajos y dejar tostar a fuego lento.
5. Añadir la cebolla y la zanahoria hasta tostar bien la bresa.
6. Añadir el tomate rallado y desglasar bien el fondo de la cazuela hasta casi reducir a seco.
7. Añadir las carcasas y los huesos.
8. Añadir el vino reducido y mezclar hasta homogeneizar los ingredientes.
9. Cubrir todo con agua y dejar reducir a fuego lento, añadiendo más agua cuando sea necesario mientras se reduce. Acto seguido, colar el jugo con la ayuda de un colador chino o una estameña.
10. Reducir a fuego lento el resto del jugo, espesar con maicena y sazonar al punto de sal.
11. Añadir el jugo de carne concentrado y la pasta de trufa.
12. Mezclar bien hasta obtener una salsa homogénea y reservar.

LA PECHUGA RELLENA

ALCACHOFAS A LA BRASA
SALSA ESPAÑOLA CON BASE DE TRUFA

VOLANDO BAJO

La codorniz es uno de los platos más sabrosos de este recetario. No lo decimos por decir: es una verdad en términos absolutos. Esta es un ave de carne deliciosa, de sabor potente, que aquí vamos a utilizar como base de un guiso y con un marinado previo.

Es un plato que empieza en el propio establecimiento donde vayamos a adquirir la pieza, porque (muy) importante: no se le ocurra deshuesarla a usted, querido lector. Eso tienen que hacérselo en la pollería. Si se lo hace un profesional, el resultado será magnífico. Si intentamos hacerlo nosotros, sin la formación que se requiere para realizarlo correctamente, puede que acabemos teniendo que llevar la codorniz a un forense.

Necesitaremos una olla. Recuerde que, antes del guiso, va el mencionado marinado y después, un relleno. Es decir, hay que hacerle una preproducción.

Más adelante explicamos la marinada, el relleno y un estupendo acompañamiento. Para que la velada sea completa.

Empecemos.

LA CODORNIZ

INGREDIENTES:
- 4 codornices

PARA LA MARINADA:
- 200 g de soja
- 200 g de miel
- 20 g de ajo picado
- 50 g de aceite de oliva

ELABORACIÓN:

1. Meter la codorniz en la marinada (ver receta en pág. 195). Le atamos un poco el cuello, porque quizá sea necesario para mantenerla entera y consistente. El deshuese tiene estos efectos secundarios. Hay que dejar el ave en marinaje al menos 2 h para que se impregne totalmente de su sabor.
2. Luego (al cabo de esas 2 h), la sacamos y procedemos a ponerle el relleno de cuscús (ver receta en pág. 194) hasta que la codorniz adquiera volumen. Lo haremos con cuidado, no queremos que se nos desmonte.
3. Una vez rellena, introducir la codorniz en una cazuela que luego vamos a tapar. Tiene que pasar por lo que los chefs profesionales llamamos chup chup. Si utilizamos horno eléctrico o Josper, serán 15 min de cocción a 180 ºC, y si preferimos cocinarlos con nuestra parrilla, debemos tapar la bandeja, atizar el fuego y dejarla el mismo tiempo que en horno con la precaución de darle la vuelta a las codornices a los 7 min.

MARINADA DEL AMIGO DEL *CUÑAO*:
Mezclar todos los ingredientes en un bol y reservar.

Comensales: 4
Dificultad: Difícil

CUSCÚS KAUAI

INGREDIENTES:
- 100 g de caldo de carne
- 100 g de cuscús
- 25 g de aceite de oliva
- 1 diente de ajo
- 180 g de cebolla
- 20 g de pasas
- 50 g de dados de panceta de 1/2 cm de lado
- 30 g de almendras tostadas con piel
- 40 g de espinacas
- 20 g de rama de canela
- 1 cc de cúrcuma
- 1 cc de pimienta negra
- 1 cc de sal

ELABORACIÓN:
1. Llevar el caldo a ebullición.
2. Cuando rompa el hervor, añadir el cuscús y cocer durante un minuto con tapa.
3. Reservar destapado.
4. Sofreír el ajo en una cazuela con el aceite.
5. Añadir la cebolla y pochar.
6. Incorporar los dados de panceta con la canela y sofreír bien.
7. Añadir las pasas y las hojas de espinaca.
8. Por último, añadir la almendra troceada y la cúrcuma.
9. Revolver la mezcla y echar la sal y la pimienta.

MINIMAZORCAS ENCURTIDAS

INGREDIENTES:
- 5 minimazorcas
- 400 g de agua
- 20 g de sal
- 50 g de vinagre de arroz
- 40 g de azúcar
- 60 g de salsa de soja
- 1 cs de jengibre picado

ELABORACIÓN:
1. Diluir la sal y el azúcar en la mitad del agua.
2. Incorporar el resto del agua y mezclar.
3. Añadir el vinagre de arroz y la salsa de soja. Mezclar.
4. Incorporar el jengibre picado.
5. Vaciar el agua de conservación del tarro de las minimazorcas y rellenar con la mezcla realizada anteriormente.
6. Dejar macerar durante 2 h.
7. Servir como acompañamiento de las codornices rellenas.

LA CODORNIZ

MINIMAZORCAS ENCURTIDAS

DÓNDE VAS, PICANTÓN DE MANILA

Debemos advertirlo antes de empezar: nuestro picantón puede herir ciertas sensibilidades. Es lo que en círculos privados llamamos *porn food*. Una comida que provoca excitación en la preparación, el proceso y —obviamente— la ingesta. Quizá deberíamos reservar esta receta para el final, porque le va a quedar un picantón tan sumamente fabuloso que es probable que eche el resto de este libro al fuego y dedique lo que le queda de vida a cocinar picantones noche y día.

De hecho, el título original de este libro era *El picantón: 3.600 maneras de prepararlo*, pero nuestro editor decidió que quizá sería excesivamente concreto, y había que abrir un poco el arco gastronómico. Discutimos largo y tendido sobre el asunto —lo cierto es que dijo que no enseguida y nos rendimos—, y finalmente decidimos que se titularía *La barbacoa*. Lo que queremos decir es que nos hemos propuesto reivindicar el picantón porque es uno de esos manjares que pueden parecer poca cosa, «un pollo pequeño», dirán algunos, cuando en realidad es una delicia que requiere poco trabajo, que no tiene una dificultad alta y cuyos resultados son siempre maravillosos.

Como pasa con los pollos pequeños y también con los pollos grandes, si se cocinan bien, tienen un sabor y una textura deliciosos; si se cocinan mal, se resecan y no valen un pimiento. No es que estemos descubriendo la penicilina, ya lo sabemos.

Hemos optado por darle un *twist* a nuestro picantón, porque al fin y al cabo lo que más divertido resulta siempre en la cocina de casa es tratar de «empujar» un poquito más el resultado. Que nadie le ponga techo a su cocina, que diría Mr. Wonderful. Nosotros nos conformamos con que le eche ganas.

Y, ya que estamos, le vamos a enseñar la receta de más alta gama del picantón y hasta lo vamos a marinar. De modo que, como aconsejamos siempre, primero prepare el aderezo. Y prepare también el paladar: vamos a elaborar un acompañamiento a base de verdura que es absolutamente delicioso.

EL PICANTÓN AL CURRI INDIO

INGREDIENTES:
- 4 picantones

PARA LA MARINADA:
- 200 g de yogur griego
- 100 g de agua
- 2 dientes de ajo
- 15 g de jengibre
- 60 g de cebolla roja en juliana
- El zumo de un limón
- La piel de una lima rallada
- 20 g de cilantro picado
- Sal y pimienta
- 30 g de aceite de oliva
- 40 g de pasta de curri amarillo

ELABORACIÓN:
1. Limpiar los picantones abriéndolos por la espalda y retirando la columna vertebral y los interiores o despojos.
2. Introducirlos en la marinada y dejar 12 h en la nevera bien tapados.
3. Disponer los picantones marinados, con las piezas abiertas en forma de libro en la parrilla, y asar hasta que adquieran un bonito color tostado, pero ojo, sin que lleguen a quemarse. Verificar en las juntas de los muslos el punto de cocción.

MARINADA DE CURRI:
Juntar todos los ingredientes y homogeneizar la mezcla.

Comensales: 4
Dificultad: Fácil

COL ESCALIVADA

INGREDIENTES:
- 1 col
- 4 ramitas de eneldo fresco
- 50 g de mantequilla

ELABORACIÓN:
1. Cortar la col por la mitad verticalmente.
2. Realizar cortes en la col de 1 cm de separación aproximadamente.
3. Introducir una rama de eneldo fresco en cada corte.
4. Poner al punto de sal, de pimienta y de mantequilla.
5. Envolver en papel de aluminio y asar en horno eléctrico a 165 °C durante 1 h.
6. Sacar la col del aluminio y servir como complemento de los picantones al curri.

EL PICANTÓN

COL ESCALIVADA

EL DETECTIVE NO, EL OTRO

El magret de pato es el Ferrari de la alta cocina y lleva ya tiempo presente en las cartas de los mejores restaurantes de todo el mundo. Es una carne magra, extraída de la pechuga del pato, que puede cocinarse a la plancha, a la parrilla o al horno, y es extremadamente sabrosa. Eso sí, para que pueda llamársele «magret», el ave debe haber sido cebada.

Esta es una carne muy calórica porque se puede comer con piel, que, crujiente, es algo insuperable, aunque contiene energía proteínica como para hundir de nuevo el *Titanic*. Si una pechuga de pollo llega a las 70 calorías, una de pato alcanza más de 200. Así que ojo con la pechuga de pato, pues es una bomba. Aunque si se le quita la piel, la cosa cambia.

Lo que ha quedado claro es que, a diferencia de otras recetas en este libro, el magret de pato es un invento reciente. Fue un chef francés (de dónde iba a ser si no) llamado André Daguin quien, en los años sesenta, empezó a experimentar con el plato; una forma distinta y nueva de preparar el filete de pato. Como pasa con todas las cosas buenas, y con algunas malas, la receta se extendió primero por Francia y después por todo el mundo, hasta convertirse en un clásico que permanece intocable. No sabemos si el buen Daguin recibió *royalties*, pero sin duda los merece.

Vamos a hacerlo sencillito, vuelta y vuelta, con mucho cuidado, para que no se nos pase.

Tendremos el termómetro a punto para que la temperatura sea perfecta y la cocción, impecable. Acompañaremos con una salsa espectacular. Está mal que lo digamos nosotros, pero también estaría mal que no lo dijéramos: nuestra salsa de cerveza negra es puro goce y disfrute, una vez probada… querrá repetir.

Ah, y también vamos a preparar un baba ganoush. Que nunca nos falte la verdura, amigos y amigas.

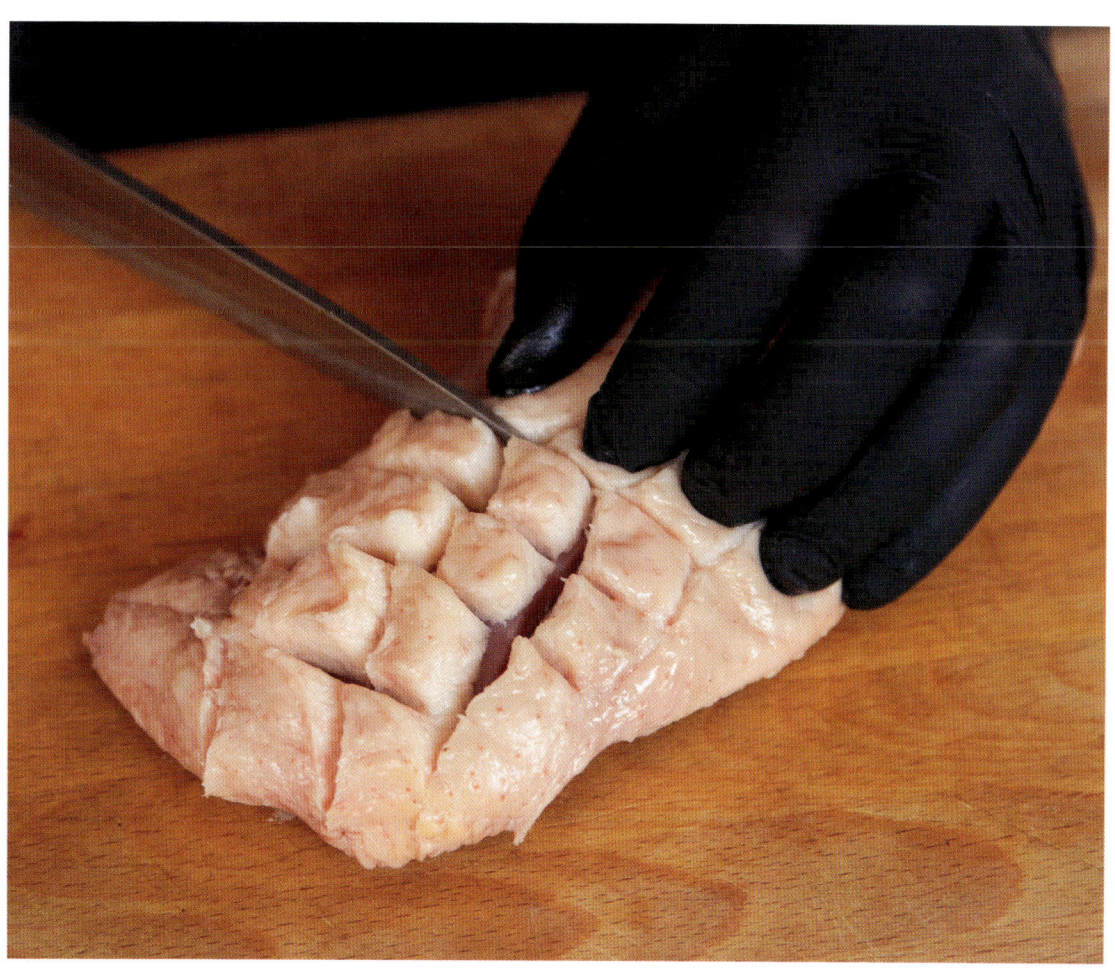

EL MAGRET DE PATO

INGREDIENTES:
- 2 magrets de pato
- Sal y pimienta

ELABORACIÓN:
1. Limpiar los magrets del exceso de grasa.
2. Realizar unos cortes en el lado de la grasa.
3. Masajear los magrets con sal y pimienta.
4. Marcarlos por el lado de la grasa hasta que quede bien dorado y crujiente.
5. Dar la vuelta al magret e introducir la sonda hasta el centro de la carne.
6. Asar hasta que la temperatura interior llegue a 53 °C (sangrante).

Comensales: 4
Dificultad: Fácil

BABA GANOUSH

INGREDIENTES:
- 1 kg de berenjenas
- 125 g de tahina
- 25 g de ajo en polvo
- 50 g de zumo limón
- Sal y pimienta
- 2 zanahorias
- 2 calabacines

ELABORACIÓN:
1. Asar las berenjenas a la llama hasta que estén tiernas.
2. Pelar las berenjenas e introducirlas en un mortero.
3. Añadir el resto de ingredientes y majar hasta obtener una crema fina.
4. Servir acompañado de bastones de verdura cruda para «dipear».

SALSA DE CERVEZA NEGRA

INGREDIENTES:
- 400 g de cerveza negra
- 60 g de miel
- 500 g de caldo de carne oscuro
- Sal y pimienta

ELABORACIÓN:
1. Juntar la cerveza y la miel y llevar a ebullición.
2. Reducir hasta que la mezcla tenga un peso de 220 g aproximadamente.
3. Añadir el caldo oscuro y espesar a fuego lento.
4. Poner al punto de sal y pimienta y servir acompañando al magret de pato.

EL MAGRET DE PATO

NEGRA

ALITAS PARA VOLAR

¿Qué demonios podemos explicar sobre las alitas de pollo? ¿De verdad tenemos que contar la historia de las alitas de pollo? Bueno, solo diremos que todos coinciden en que empezaron a hacerse en Búfalo, en el estado de Nueva York. En eso no hay discusión posible. No fueron los romanos ni los asirios, sino los residentes de Búfalo. También hay consenso en que fue a mediados de los años sesenta. Sobre el tema de las salsas, ahí ya empezarían las peleas. Como es un asunto que ni nos va ni nos viene, porque la única salsa realmente importante es la nuestra, pues dejamos que cada uno disfrute con su propia investigación.

Lo obvio: que están muy buenas, que le gustan a todo el mundo, que son un picapica extraordinario, que las puede hacer hasta un ornitorrinco ebrio y que, claro está, nosotros no vamos a ser menos. Pero no solo vamos a hacer unas alitas, vamos a hacer LAS ALITAS. Y no solo vamos a hacer LAS ALITAS, sino que vamos a hacerlas con una salsa. No solo una salsa, sino LA SALSA.

Les hemos dado un nombre cinéfilo, porque además de comer y beber bien, nos encanta el cine.

LAS ALITAS DE POLLO *KILL BILL*

INGREDIENTES:
- 8 alitas de pollo limpias

PARA LA MARINADA:
- 400 g de agua
- 400 g de salsa de soja

¿Qué piezas necesitamos? Ocho alitas de pollo limpias y quemadas de plumas que vamos a marinar antes de cocinarlas. Y ahora, manos a la obra:

ELABORACIÓN:
1. Introducir las alitas en la marinada y dejarlas filmadas a piel durante 12h.
2. Sacar las alitas del líquido e introducirlas al horno eléctrico sobre una rejilla a 100 °C durante 1 h.
3. Sumergir las alitas en la salsa *Kill Bill* y dejar marinar hasta el momento de asar.

MARINADA:
Poner el agua y la salsa de soja en un bol y reservar.

Y lo más importante. Ahora viene nuestra impresionante salsa.

Comensales: 4
Dificultad: Fácil

SALSA
KILL BILL

INGREDIENTES:
- 20 g de ajo picado
- 25 g de aceite de oliva 0,4°
- 60 g de cebolla picada
- 250 g de tomate de rama asado, triturado y colado
- 40 g de vinagre de alcohol
- 25 g de miel
- 25 g de chile fresco peri-peri picado
- 40 g de salsa Perrins
- 50 g de salsa HP
- 25 g de zumo de limón
- 1 cc de sal
- 1 cc de pimienta negra rota

ELABORACIÓN:
1. Dorar el ajo en al aceite.
2. Agregar la cebolla y dorar.
3. Añadir el tomate asado, triturado y sin pepitas, la miel y el vinagre de alcohol; reducir a la mitad.
4. Dejar enfriar y añadir el resto de ingredientes.
5. Reservar.

Puede parecer una amenaza, pero solo es una aviso: si queda una sola alita, habrá repercusiones. Graves.

¡Buen provecho!

LAS ALITAS

SALSA
KILL BILL

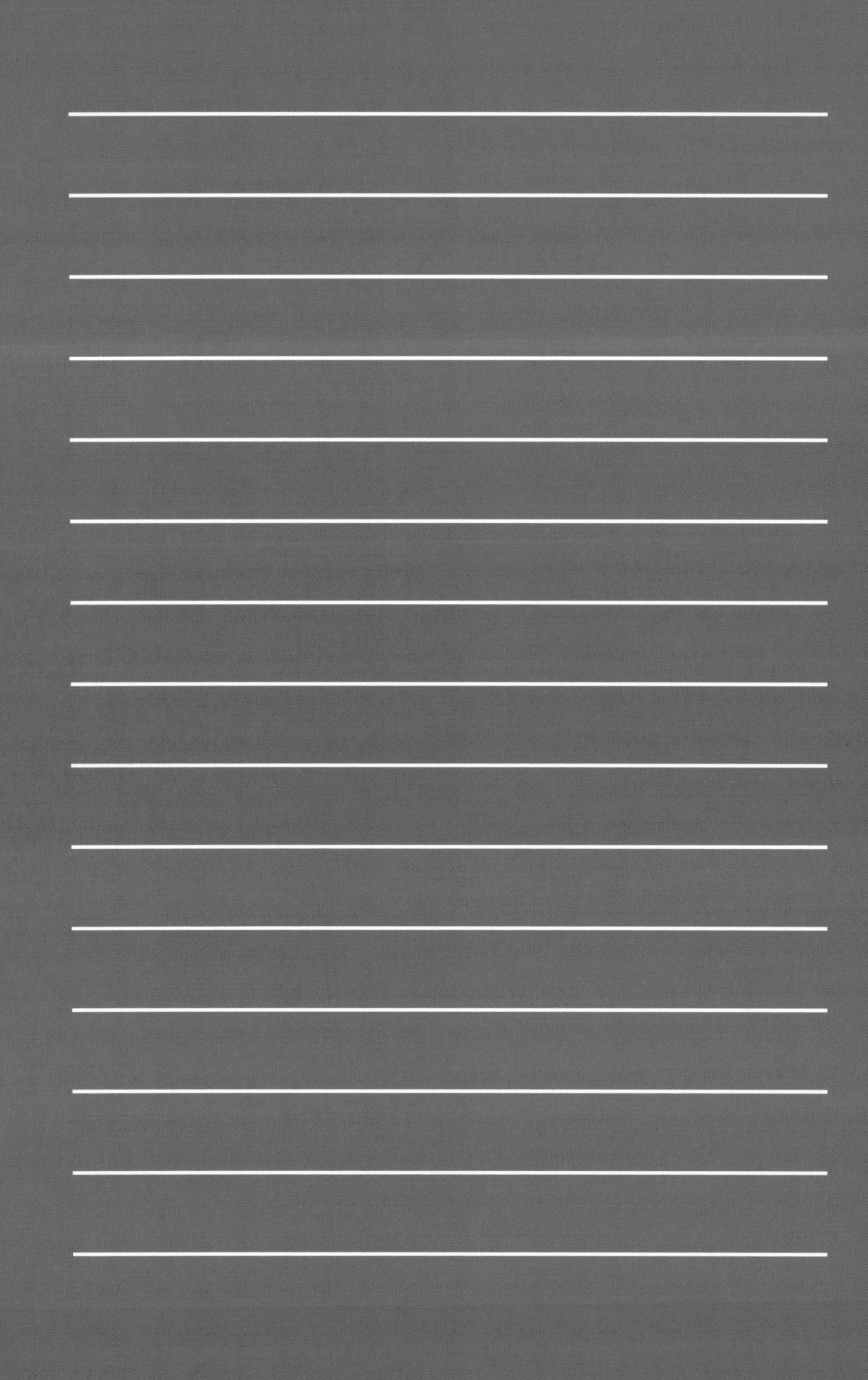

BONUS TRACK

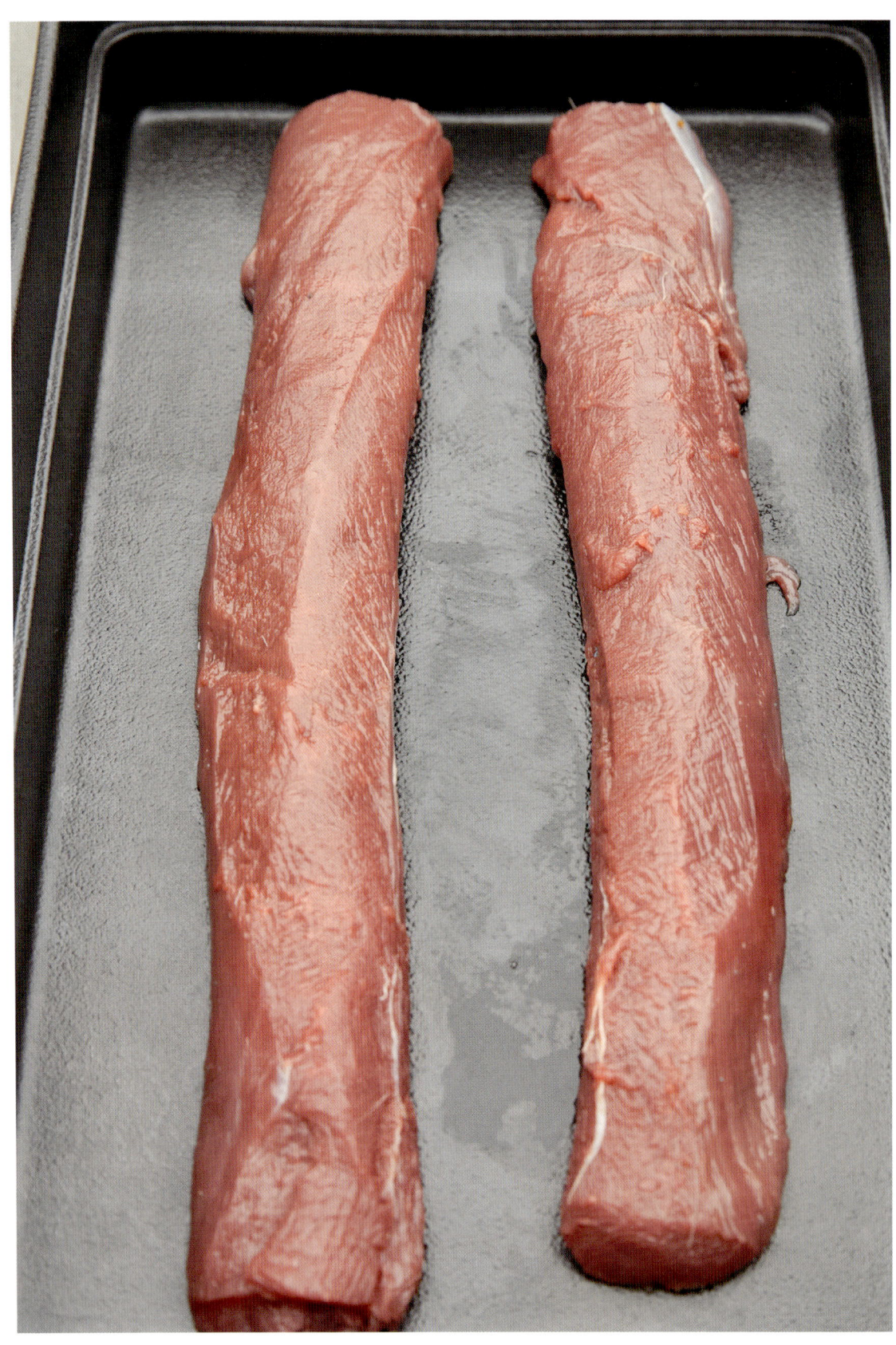

QUE TE COMO, BAMBI

La carne de corzo es un manjar exquisito, pero su intenso sabor hace que cocinarlo sea una misión para personas con tacto y paciencia. La recompensa es siempre fabulosa, huelga decirlo, pero no mentiremos si decimos que conlleva un trabajo con hombreras de chef. Su carne, recia y magra, es más suave en los ejemplares jóvenes y se hace más potente a medida que estos crecen.

Como ocurre con otros productos de caza, no es una pieza fácil de encontrar, así que encárguelo con tiempo y en una carnicería en la que tenga la certeza de que saben con lo que están tratando. Y como también es habitual con todos los productos de caza, es una pieza muy apreciada en los pueblos de alta montaña y aquellos lugares con fuerte conexión con la naturaleza, por su enorme aportación calórica. No es una comida ligera, así que si está usted a dieta, quizá desee consultarlo antes con su nutricionista, porque el corzo tiene mucha proteína y mucho hierro. Nosotros ya se lo hemos avisado.

Se trata de una carne fuerte, muy sabrosa, rica en textura y matices. Por eso hemos preparado una salsa y un acompañamiento extraordinarios para la ocasión; también fuertes y poderosos, e igualmente complejos. Ya que nos ponemos con el corzo, atrevámonos con el resto. Por otro lado, para evitar confusiones y si no es usted, querido lector, un chef, un experto en gastronomía o un cocinillas, debe recordar que cualquier verdura en *mirepoix* es simplemente una verdura cortada en dados. Lo que pasa es que a veces nos gusta ser sofisticados y sembrar nuestros textos con palabras en otros idiomas, porque «cortar a dados» nos parecía poco glamuroso. Somos así.

Por último, solo añadir que este es un plato de maceración profunda, lo que quiere decir que lo vamos a tener 24 h sumergido en una combinación especial de vino, sal, pimienta y las verduras a dados, o sea, en *mirepoix*.

EL LOMO DE CORZO

INGREDIENTES:
- 2 lomos de corzo
- 3 l de vino tinto
- 1 puerro en *mirepoix*
- 2 zanahorias en *mirepoix*
- 2 cebollas en *mirepoix*
- 6 dientes de ajo
- 1 cs de granos de pimienta
- 2 hojas de laurel
- 1 cs de sal
- Aceite de oliva 0,4°

ELABORACIÓN:
1. Limpiar los lomos de corzo retirando la tela que los envuelve.
2. Disponer los lomos en un recipiente hondo y añadir sal, pimienta, vino y las verduras en *mirepoix*.
3. Dejar macerar en la nevera durante 24 h.
4. Sacar los lomos de la marinada y reservar en frío hasta el momento de cocinarlos en la parrilla.
5. Escurrir el vino de las verduras de la marinada.
6. En una cazuela con 100 g de aceite 0,4° o suave, sofreír las verduras hasta que adquieran color tostado y sin que lleguen a quemarse.
7. Añadir el vino de la marinada y cocer a fuego suave durante 1 h.
8. Triturar el conjunto y pasar por un colador, retirando así las fibras de la verdura triturada.
9. Poner la salsa al punto de sal y reservar.
10. Dorar los lomos de corzo en la parrilla hasta que adquieran un bonito color tostado por todos los lados. Es importante no pasar de cocción el lomo de corzo, ya que se resecaría demasiado.

Comensales: 8
Dificultad: Media

GUARNICIÓN DE MANZANA Y AVELLANA

INGREDIENTES:
- 170 g de manzana Granny Smith cortada en cubos
- 65 g de avellanas tostadas con piel cortadas por la mitad
- 45 g de zumo de limón
- 10 g de hojas de romero
- 75 g de azúcar
- 25 g de miel

ELABORACIÓN:
1. En una sauté, también conocida como sartén honda, incorporar el azúcar, la miel y el zumo de limón. Hacer un caramelo claro.
2. Incorporar la manzana cortada y darle un par de salteados en el fuego sin que llegue a perder la textura.
3. Añadir la avellana y el romero picados.
4. Mezclar bien y reservar a temperatura ambiente hasta su consumo.

ENDIVIAS SOASADAS CON SARDINA AHUMADA Y QUESO BRIE

INGREDIENTES:
- 3 endivias
- 2 filetes de sardina
- 1 ramita de eneldo
- 1 manzana
- 4 hojas de apio
- 100 g de queso brie

ELABORACIÓN:
1. Cortar las endivias longitudinalmente por la mitad.
2. Dorarlas por el lado interior.
3. Disponer las endivias en una bandeja y complementar con trozos de sardina ahumada, brie, manzana a cubos y hierbas aromáticas.
4. Aliñar al gusto y servir.

EL LOMO DE CORZO

ENDIVIAS SOASADAS CON SARDINA AHUMADA Y QUESO BRIE

CHÚPAME LA CABEZA

Para celebrar que vamos llegando al final, y que este no sea un adiós, sino un hasta luego, vamos a ir acabando con una pieza del mar. Claro que sí, porque nos apetece.

Hay muchos pescados y mariscos a los que se les puede dar un toque de brasa —de hecho, les podríamos haber dedicado un libro entero—, pero hemos escogido uno que se nos da bien: la brocheta de langostinos.

Está riquísima, jugosa, y es sencilla y muy muy agradecida. Además, seguro que hay alguien en la mesa a quien no le gusta la carne y estará extremadamente agradecido por este detalle personal.

Eso sí, esta vez también le daremos un toque singular a la receta, añadiendo un poco de beicon ahumado y algunas —ojo— ciruelas pasas a la combinación.

LA BROCHETA DE LANGOSTINOS

INGREDIENTES:
- 24 colas de langostino limpias
- 24 ciruelas pasas
- 24 láminas de beicon ahumado
- 8 palillos grandes

PARA LA VINAGRETA:
- 250 g de tomate pelado cortado en trocitos pequeños
- 45 g de cebolleta fresca picada
- 30 g de tomate en conserva escurrido y picado
- 100 g de aceite de oliva 0,4°
- 18 g de vinagre de Jerez
- 1 cc de sal
- 1 cc de azúcar

ELABORACIÓN:
1. Cortar las ciruelas pasas en 4 porciones.
2. Poner un trozo de ciruela rodeada de la cola de langostino.
3. Envolver el conjunto con una lámina fina de beicon ahumado.
4. Pinchar 3 colas de langostino con pasas y beicon en un palillo grande.
5. Asar en la parrilla por las dos caras hasta que queden bien doradas.
6. Servir las brochetas.

Le vamos a añadir una vinagreta con la que daremos frescura a estas brochetas.

VINAGRETA:
Mezclar todos los ingredientes de forma homogénea y sazonar al gusto.

Comensales: 4
Dificultad: Fácil

LA BROCHETA DE LANGOSTINOS

A LA RICA PIÑA
(PARA EL NIÑO Y LA NIÑA)

Pues hasta aquí hemos llegado, amigos y amigas: al final de este bonito volumen dedicado al fabuloso mundo de la barbacoa. Habría mucho más que decir, pero nos hemos quedado sin páginas. Es el problema del papel: siempre se acaba.

Esperamos que no haya llegado usted hasta aquí simplemente a base de pasar páginas, sino que haya ejecutado todas y cada una de las recetas que le hemos propuesto. Si puede ser, más de una vez. Contamos con que este libro esté manchado, haya sido subrayado, manipulado, manoseado y trasteado como se merece. Porque para eso lo hemos hecho, para que sea un instrumento culinario de primer orden. Estamos seguros de que, para adornar esa mesa tan bonita de su comedor y ser la envidia de sus amigos más refinados, encontrará otro libro mejor.

Vamos a acabar con un postre, para cuando se apague la barbacoa.

LA PIÑA

INGREDIENTES:
- 2 piñas
- 2 yogures griegos
- 2 limas
- 20 g de melaza de azúcar de caña
- 2 bizcochos crujientes
- 6 pétalos de rosa
- Nata para montar

ELABORACIÓN:
1. Limpiar la piña y cortar verticalmente por la mitad.
2. Vaciar las dos mitades con una cuchara sopera.
3. Triturar y colar una mitad, e introducir en una bandeja en el congelador para granizar.
4. Con la otra mitad, hacer cuadraditos pequeños.

MONTAJE:
1. Tomar la cáscara de la piña.
2. Añadir una capa de yogur; a continuación, una de melaza y otra con los bizcochos rotos (que nos dará el crujiente). Seguimos con los daditos de piña para elaborar la penúltima capa.
3. Echamos el granizado de piña que teníamos en el congelador (si lo rascamos con una cuchara, nos quedará de lujo) y acabamos con la nata montada y los pétalos de rosas.

Comensales: 4
Dificultad: Fácil

LA PIÑA

ÍNDICES

ÍNDICE DE ACOMPAÑAMIENTOS

Ensalada de manzana y acedera, 57

Chips de tubérculos con aderezo del *cuñao*, 67

Col lombarda encurtida, 76

Cogollo con aguacate majado, 87

Papas arrugás, 95

Chips de plátano, 105

Cortezas de cerdo, 118

Cebolla encurtida, 124

Cebolla puñetazo, 131

Ensalada de apio, 156

Cogollos con salsa de queso azul, 167

Alcachofas a la brasa, 186

Cuscús Kauai, 194

Minimazorcas encurtidas, 195

Col escalivada, 207

Baba ganoush, 215

Guarnición de manzana y avellana, 232

Endivias soasadas con sardina ahumada y queso brie, 233

ÍNDICE DE SALSAS

Nuestro pico de gallo, 55

Salsa *Du Plessis*, 68

Mayonesa de mostaza, 69

Salsa doña Rosario, 77

El chimichurri, 87

Salsa almogrote, 95

Mole de chicharrón, 105

Salsa «Que viva Zapata», 118

Salsa pibil, 122

Salsa BBQ, 131

Salsa tzatziki brutal, 146

Salsa de vino tinto, 155

Salsa de queso azul, 167

Alioli ligero, 167

Salsa de mojo verde, 179

Salsa española con base de trufa, 187

Salsa de cerveza negra… 215

Salsa *Kill Bill*, 222

AGRADECIMIENTOS

OSCAR MANRESA

A mi padre, que murió cuando yo tenía 14 años y que nunca me dio suficiente la brasa. Este libro es para ti.

A mi Teresa, que me aguanta desde el principio de los tiempos, por estar siempre a mi lado.

A Andrés Conde, porque sin él este proyecto no hubiera sido posible. Siempre en mi equipo, genio.

A Sebas, el carnicero fiel, un tipo que sabe de carne más que yo de vino y puros.

A Manu, de Josper, la mejor barbacoa del mundo. Del mundo, he dicho.

A mis amigos de Estrella Damm, porque sin la mejor birra no hay barbacoa que valga.

A Codina, cuyos utensilios de cocina no tienen competencia.

Y a Malcolm Otero, que se comió todo lo que cocinamos en nombre del conocimiento. Cuando él dice «Ya no me cabe nada más», es obvio que está mintiendo.

TONI GARCIA RAMON

A Celia Castellano: mi maravillosa socia, cómplice y confidente. Porque no nos gustan los sueños pequeños.

A Xavier Bundó, que siempre va en moto por el centro. *Gràcies, amic meu.*

Y a mis padres, que no hay manera de que me atiendan en la ouija. Os quiero.

NOTA DEL CHEF AL FUTURO CHEF

Todas las medidas en las recetas de este libro han sido concebidas con la idea de que la cocinera o el cocinero, el dueño y señor (o dueña y señora) de la barbacoa, tendrá a su disposición una balanza. Ojo, no una de esas básculas de baño a las que acabamos temiendo porque nunca nos dicen lo que nos gustaría oír. Hablamos de una balanza de cocina.

Los ingredientes han sido pesados en gramos sin excepción. Nada ha sido anotado en centilitros ni cosas por el estilo: somos clásicos y tenemos balanza en la cocina. Del mismo modo, cuando se trata de especias y similares, hablamos en «cc» (cucharadita de café) y «cs» (cucharada sopera). No centímetros cúbicos o Consejo de Seguridad (de la ONU); cucharaditas de café y cucharadas soperas.

Atentamente,

El chef

FUNDACIÓN OSCAR MANRESA

En España más de 12 millones de personas viven en situación de pobreza.

Muchas familias están necesitadas no solo económica sino también emocionalmente. Existen muchas fundaciones y ONG que están trabajando para ofrecer ayuda inestimable: vivienda, comida, libros escolares e incluso juguetes para los más pequeños... Pero ¿qué pasa con las celebraciones? ¿No tienen las personas más desfavorecidas también el derecho de celebrar los días especiales?

Con este propósito nace la Fundación sin ánimo de lucro Oscar Manresa. La Fundación Oscar Manresa tiene como objetivo subvencionar a las familias necesitadas para que puedan celebrar sus días especiales: comuniones, bodas y aniversarios, para que puedan permitirse un homenaje, un día especial que las circunstancias de la vida les han negado.

Para obtener más información visítenos en:

https://fundacionoscarmanresa.com/